¿UNA GUÍA ESPIRITUAL RESPETA LOS PRECEPTOS BIBLICOS?

ÉTICA CRISTIANA CON CIMIENTOS BÍBLICOS.

Dra. Isidora Díaz Farías

EAGLE'S INTERNATIONAL CHRISTIAN UNIVERSITY
www.MyEICU.org

Titulo Original:
© *¿UNA GUÍA ESPIRITUAL RESPETA LOS PRECEPTOS BIBLICOS?*
All rights reserved.

Edición en Español 2014

Para más información puede enviar un correo electrónico a:
info@innelemedia.com

Autor	**Isidora Díaz Farías** *www.isidorafarias.org*
Diseño de portada	**Jesse Gonzalez** *www.jessebrands.com*
Diseño Editorial	**INNELE™ Media**
Corrección y Estilo	**Dr. Pablo S. Sánchez** **Jesse Gonzalez**
Fotografía	**Jesse Brands** *www.jessebrands.com*
Casa Editorial	**INNELE™** *www.innelegroup.com*
Institución	**Eagles International Christian University *(EICU)*** *www.myeicu.org*

ÍNDICE

DEDICATORIA

A mis hijos Miguel Ángel y Tammy R. a quienes amo profundamente. A mis ocho nietos que son el vivo reflejo del amor de sus padres y mi más grande alegría. Finalmente mi esposo, mi compañero de vida.

AGRADECIMIENTOS

A Dios, por ser mi guía durante el largo camino recorrido en busca de su verdad.

A mi familia, por el tiempo sacrificado durante la elaboración de este proyecto.

Al Doctor Pablo S. Sánchez, quien contribuyó a la realización de esta tesis con su asesoría, gran paciencia y empeño.

Mi gratitud para los pastores, maestros, evangelistas y compañeros de ministerio, que compartieron conmigo su tiempo, sus inquietudes y sus experiencias de vida dentro del mismo, a fin de enriquecer este proyecto. Especialmente a los pastores M. Anguiano, I. Ríos, R. Reyes y el evangelista J. Cantú, cuyas sugerencias fueron de gran utilidad.

A mi colaboradora I. Vidaurri, por acompañarme a cada paso del camino.

A todos ellos gracias, ya que sin su colaboración este trabajo no hubiera sido posible.

Sinceramente

Isidora Díaz Farías

INTRODUCCIÓN

Desde mi conversión al cristianismo, hace ya más de 30 años, he sido testigo de la confusión que existe entre los miembros de las iglesias pentecostales que, a pesar de compartir una misma denominación, siguen presentando marcadas diferencias en lo que predican y en la forma en que guían a sus miembros. Al ser muchas de ellas organizaciones religiosas independientes, es decir, que no tienen afiliación a una organización global que los dirija, regule y/o supervise; cada líder religioso maneja su iglesia a su manera, aparentemente, sin una guía de ética cristiana que permita asesorar a sus congregados en base al pensamiento de Dios.

Lo que intento decir, es que, de acuerdo a mi propia experiencia en el ministerio y la de compañeros que han tenido la confianza de compartir con su servidora, algunos pastores enseñan, dirigen y aconsejan de acuerdo a sus creencias, cultura, e ideología propias en lugar de respaldarse más en los preceptos presentados en la palabra de Dios, la Biblia.

No es mi intención demeritar el trabajo que algunos pastores junto a cristianos de buena fe han realizado con algunos de los miembros más vulnerables de su comunidad, tal como hacen con los inmigrantes que cada día son más los que habitan en esta región del Valle del Sur de Texas; sin embargo vale la pena señalar, que al carecer de algo que sirva como guía para estandarizar los criterios entre las iglesias pentecostales, siempre basados en los principios de la Santa Biblia y la ética moral, esa ayuda no tiene el impacto o el beneficio esperados. Sino que al contrario, muchas veces generan confusión y desencanto entre los miembros de la comunidad. Se trata de crear un manual que ayude a los pastores a guiar a sus miembros de acuerdo a los principios bíblicos y no a su forma de pensar, y que además, puesto que la biblia es una, coincida con el consejo y/o la enseñanza que se daría en cualquier otra iglesia de la misma denominación.

Por tanto, considero que es de gran importancia ayudar a las mismas con la creación de un manual que permita la uniformidad de criterios a la hora de brindar asesoría a sus congregados, tomando siempre en cuenta las creencias y principios bíblicos que las caracterizan, para brindar a sus miembros un servicio más integral, un manual que les dé la pauta para brindar no solo guía Espiritual sino también moral, social y de ser necesario, legal a todo aquel que lo requiera.

Mediante una serie de encuestas y entrevistas, podremos identificar las principales necesidades de cada una de las iglesias participantes que servirán como punta de lanza para el desarrollo de este proyecto. Una vez detectadas las deficiencias más comunes de cada organización, podremos entonces presentar un proyecto de manual que permita lograr una mejora considerable en cuanto al servicio que se brinda a los miembros de su comunidad. Ya que nuestro principal objetivo es proporcionar a los pastores de las iglesias del valle del sur de Texas, una herramienta que les ayude a brindar el apoyo que las familias necesitan. Cuando lo necesitan.

CAPITULO I

LA HISTORIA DEL PROTESTANTISMO
La edificación de la Iglesia de Cristo

"Y yo también te digo, que tú eres Pedro, y sobre esta roca edificaré mi iglesia; y las puertas del Hades no prevalecerán contra ella. Y a ti te daré las llaves del reino de los cielos; y todo lo que atares en la tierra será atado en los cielos; y todo lo que desatares en la tierra será desatado en los cielos". (Mateo 16:18-19)[1]

Han pasado muchos siglos desde que nuestro señor Jesucristo pronunciara estas palabras que, por el simple hecho de haber sido pronunciadas por el Hijo de Dios, cualquiera diría que se cumplirían sin mayor problema, sin embargo, muchos han sido también los obstáculos que la edificación de dicha iglesia ha tenido que sortear. Desde los discípulos de Jesús, hasta los líderes religiosos de la actualidad, todos ellos han tenido que lidiar cada día con personas mal intencionadas, faltas de toda ética y moral dispuestas a echar por tierras todos sus esfuerzos por cumplir con la voluntad de Dios.

LA IGLESIA CATÓLICA ROMANA. ¿LA IGLESIA DE CRISTO?

La Iglesia Católica Romana se concibe a sí misma como la única iglesia de "sus sucesores" los papas, con la encomienda de elaborar, impa fundada por Cristo, mediante el apóstol Pedro, dirigida por la larga lista rtir y propagar la enseñanza cristiana y de cuidar la unidad de sus fieles. Al menos en teoría suena bien, sin embargo sus enseñanzas distan mucho del evangelio que Jesús enseñó mientras estaba en la tierra.

Basta con echar un breve vistazo al libro de Éxodo, capitulo veinte, versículo cuatro, donde Jehová le dice al pueblo de Israel, mediante su fiel Moisés que no debían hacerse ninguna imagen ni semejanza de lo que hay en los cielos, ni en la tierra ni debajo de ella y menos debían inclinarse ante ellas para adorarlas. Para descubrir la tergiversación católica de ese mandamiento, si no es así, ¿Por qué entonces, está la iglesia Católica infestada de imágenes de "vírgenes", "santos" y "beatos" ante los cuales sus feligreses se arrodillan y rinden culto?

El hecho de mezclar o convertir los cultos de dioses paganos en rituales aparentemente cristianos tampoco parece ser muy ético que digamos. Pero lo más inverosímil es el poder que la iglesia le otorga al papa llamado "infalibilidad papal" que conforme a la teología Católica, el pontífice está exento de cometer error alguno al momento de promulgar alguna enseñanza en materia de fe y moralidad.

¿Cómo es entonces que una de las decisiones "infalibles" del papa da origen al cisma que conllevaría a la reforma protestante por medio de un monje sumamente devoto de su misma iglesia?

LOS REFORMADORES DEL SIGLO XIV AL XVI.

John Hus.

Nació en 1372, en la pequeña aldea de Husinec, ubicada al sur de Bohemia.[2] En 1393 recibe el título en artes de la Universidad de Praga; es durante sus días de estudiante, al ver que los sacerdotes conformaban un grupo privilegiado con riquezas, llego a pensar en convertirse en uno de ellos lo más rápido posible para también disfrutar de la buena vida que le había sido negada desde su niñez por la extrema pobreza en que había crecido. Paradójicamente, es ese estilo de vida que en su juventud le atrajo lo que marcaría sus desavenencias con la Iglesia Católica Romana.[3]

Mientras estudiaba la maestría en el Colegio Rey Wenceslao, Hus copio algunas de las obras de Wycliffe para su uso personal, en 1401 Jerónimo de Praga, antiguo amigo de Hus, regreso de la universidad de Oxford trayendo consigo todos los manuscritos del traductor de la Biblia; los cuales Hus y sus más íntimos amigos leían y discutían cada noche.[4]

Los métodos de enseñanza de hus en la capilla de belén.

En 1402 es nombrado sacerdote de la Capilla de Belén, ahí Hus pretendía lograr que el pueblo comprendiera realmente el evangelio verdadero, para ello predicaba en el idioma local, el checo, y además utilizaba pinturas para que ayudaran a una mejor comprensión tanto de las verdades bíblicas como de las falsedades de la Iglesia Católica Romana. Al poner en una pintura una imagen del Papa, sentado en un trono lleno de toda pompa y majestuosidad mientras los hombres le besaban los pies y en otra pintura opuesta a esa, la imagen de Jesucristo inclinado para lavar los pies de sus apóstoles, Hus logro un gran efecto en los corazones de las personas que por fin abrían los ojos ante la actitud de quienes de autodenominaban sucesores de Cristo.[5] La idea de John Hus no era la de dar a la iglesia una nueva denominación sino la de reformar desde adentro a la iglesia y librarla de la hipocresía que la caracterizaba en aquella época. Su doctrina se basaba en el deseo de llevar a los checos a una relación más profunda con Dios y coincidía con Wycliffe en que para que la doctrina de una persona fuera pura, primero debía reformar su vida.[6]

RESUMEN DE SU OBRA REFORMADORA

Sus convicciones.
1. Hus detestaba que el Papa y muchos sacerdotes se rodearan de tanta pompa, ceremonia y prestigio.
2. Denunciaba sin temor las actitudes elitistas de los Cardenales que acompañaban al Papa.
3. También denuncio a los grupos jerárquicos católicos que promovían la guerra.
4. Reprendió a los sacerdotes que usaban a sus iglesias para obtener dinero y prestigio personal en lugar de usarlas para pastorear a su rebaño.
5. Sus sermones siempre incluían la condenación de la inmoralidad, especialmente del adulterio.

6. Siempre reprobó el oficio de cultos llenos de misticismo que fascinaban más a los que lo presenciaban por su vestimenta que por las verdades de Dios.[7]

Sus declaraciones en contra de la simonía.

1. Cualquiera que estuviera en el ministerio por amor al dinero, las posesiones mundanas o el dominio, era culpable de simonía.
2. Desaprobaba a todo clérigo que aceptaba dinero o dadivas por sus servicios ministeriales.
3. Recalcaba que nadie debía de asistir a una misa que fuera oficiada por sacerdotes que estuvieran involucrados en casos de simonía o inmoralidad. Y mucho menos debían entregarles sus diezmos.
4. Para él, la mejor forma de evitar la simonía entre el clero, era eligiendo buenos hombres para que ocuparan los puestos de obispos o sacerdotes.[8]

Exhortaciones a los laicos en general.

1. El perdón proviene de Dios, si no había un sacerdote cerca, simplemente debían arrepentirse de corazón.
2. Las personas solo debían obedecer a los clérigos por su ética moral, no por la posición que estos tenían.
3. Pedía a los hombres que circuncidaran su corazón para que la verdadera vida que provenía de Dios fluyera de ellos.[9]

Defendió el derecho de los checos a leer el evangelio en su idioma.

En 1406, Hus hizo una revisión mejorando la traducción del Nuevo Testamento en checo al igual que algunas porciones del Antiguo Testamento. Al enterarse algunos sacerdotes de lo que Hus hizo, prohibieron a los checos que lo leyeran en su idioma. Hus reprendió a estos sacerdotes con las siguientes palabras: "Si Juan escribió el evangelio en griego, Simón predico el evangelio en persa y

Bartolomé hablaba en el idioma de Judea; ¿Por qué, entonces prohíben ustedes que los checos lean la Ley de Dios en checo?[10]

La reprensión de Hus a los tres Papas y su exilio.

Ante el garrafal fallo del Concilio de Pisa, al nombrar a un tercer Papa para terminar con el Cisma de Occidente, que no logro otra cosa más que la iglesia tuviera ahora tres Papas sin que ninguno de ellos reconociera la autoridad de los otros dos! Hus reacciono reprendiéndolos severamente al grado de llamarlos avariciosos y asesinos.[11] Tres años después ataca también la venta de indulgencias por parte de la iglesia; esto provoca un gran disturbio en la ciudad y le acarrea a Hus la excomunión definitiva, pero a pesar de ello, Hus siguió predicando en abierto desacato a la orden papal hasta que se interpuso el interdicto en la ciudad de Praga, el cual prohibía que se diera cualquier culto por tres días si Hus ponía un pie o simplemente se acercaba a la capilla. Finalmente, pensando en el bienestar de los miembros de la iglesia, de su capilla misma y de Praga, Hus decide marcharse de la ciudad.[12]

Su condena ante el Concilio de Constanza.

Dos años más tarde, cae en una trampa urdida entre el rey Wenceslao y su hermanastro el rey Segismundo para acabar con él. Haciéndole creer que el Concilio de Constanza (reunido para terminar con el cisma entre los tres Papas), daría a Hus la oportunidad de limpiar su nombre y a la nación de Bohemia de las acusaciones de herejía que pesaban sobre ellos. Hus realmente pensó que podría defender su causa y realmente se preparó para ello, pero en realidad todo estaba perfectamente planeado, Hus ya había sido de antemano juzgado y encontrado culpable. El seis de Julio de 1415, fue condenado a ser despojado de su oficio sacerdotal y a morir quemado junto a sus escritos. En sus últimas palabras, declaro que la principal intención de su predicación y escritos fue apartar a los hombres del pecado.[13]

LA HISTORIA DEL PROTESTANTISMO

El pacto de los husitas.

Tras su muerte, Bohemia se conmociona, un grupo de casi quinientos hombres checos se reúnen en protesta por el juicio y ejecución de Hus. En medio de su tristeza, hicieron un pacto solemne de defender las enseñanzas de su maestro y la reforma checa contra cualquier tipo de amenaza. Por veintiún años, el movimiento husita y su ejército valiente defendió las doctrinas de Hus, sus enemigos retrocedían solo con ver su estandarte que tenía la figura de un cáliz, la copa de la comunión junto a la más famosa frase de John Hus: "la verdad vence".[14]

Ulrico Zwinglio.

Nació en 1484 en una pequeña aldea de Suiza, [15] en 1506 obtuvo su maestría en Artes; como parte de su educación superior cursó estudios humanistas, además de dominar el griego. Pasó 10 años como sacerdote en la aldea de Glaurus, luego fue nombrado cura de una abadía donde su predicación contra el servicio militar mercenario atrajo la atención de quienes le escuchaban. Cuando Zwinglio recibe el nombramiento de cura de la ciudad de Zurich sus ideas reformadoras ya eran muy parecidas a las de Lutero (aunque no estaban influenciadas por el reformador alemán). Su autoridad en la ciudad se hizo grande, tanto, que logró la expulsión de un vendedor de indulgencias por parte del gobierno.[16]

Las ideas reformadoras de Zwinglio.

Las ideas de una reforma que remontara la fe cristiana a sus orígenes, surgen a partir del estudio de las escrituras utilizando los métodos humanistas; estas ideas se fortalecieron a medida que aumentaba su indignación ante las supersticiones que mantenían cautivo al pueblo, así como por la explotación de que era objeto tanto por parte de las autoridades eclesiásticas como del servicio militar mercenario.

En 1522 Zwinglio se dispone a comenzar con su obra reformadora, confiado ante el respaldo que le otorgaba el Consejo de Gobierno de Zurich. Dicha obra da inicio con la predicación en contra del ayuno, la abstinencia y el celibato; inevitablemente dichas declaraciones despiertan la ira de Roma quien primero intenta contenerlo haciéndole tentadoras propuestas pero al ver que no conseguía nada, termina acusándolo ante el Consejo de Gobierno mediante el obispo de Constanza, a lo que el Consejo respondió con la convocatoria a un debate público entre el vicario del obispo y Zwinglio para demostrar si las declaraciones de este último eran o no legítimas; ante la incapacidad del vicario para responder a las tesis formuladas por Zwinglio, el Consejo declarada que el suizo cuenta con absoluta libertad para seguir predicando sus doctrinas. [17]

Inicios de la reforma.

Desde el punto de vista de Zwinglio, la restauración de la fe y las prácticas bíblicas se basaba en que todo aquello que no se encontrara explícitamente en las escrituras, debía ser rechazado (en esto difería con Lutero quien creía que debían mantenerse todas las tradiciones Católicas excepto aquellas que contradijeran claramente a lo que decía la biblia). Bajo la dirección de Zwinglio se eliminó el uso de órganos en las iglesias, los monjes y monjas contrajeron matrimonio, se estableció un sistema de educación sin distinción de clases y, grupos de predicadores propagaban sus doctrinas en los cantones de la Confederación Suiza.[18]

En 1531 estalla la guerra civil, cantones católicos suizos atacan por sorpresa y derrotan a la ciudad de Zurich, Ulrico Zwinglio muere en combate. Pero aun después de su muerte se anota una gran victoria, semanas después se firma un tratado de paz en Cappel mediante el cual se permitía a cada cantón decidir libremente sobre la fe que adoptarían, con esa decisión quedan establecidos tanto los cantones protestantes como los católicos en Suiza.[19]

Lutero, el más distinguido reformador.

A los 21 años de edad, el joven Martin Lutero ingresa al monasterio agustino de Erfurt, con el propósito de utilizar los medios de salvación que esa iglesia le ofrecía. Repetidamente el terror que sentía ante Dios lo angustiaba pues no estaba seguro de que todo lo que hacia fuera suficiente para su salvación. Se suponía que la realización de buenas obras junto con la confesión de sus pecados fuera suficiente para justificarse ante Dios, pero Lutero tenía un sentimiento muy arraigado de su propia pecaminosidad. Continuamente se imponía castigos corporales, y acudía al confesionario tan frecuentemente como le era posible.

Fue en 1515 cuando al dar una serie de conferencias sobre la Epístola a los Romanos que encontró la respuesta a sus angustias. Meditando constantemente sobre las palabras encontradas en Romanos 1:17 donde dice: "Porque en el evangelio la justicia de Dios se revela por fe y para fe, como está escrito: el justo por la fe vivirá" concluye que tanto la fe como la justificación del pecador son obra de Dios, y que es un don gratuito. Fue a partir de entonces que Lutero encontró la paz y tranquilidad que su alma anhelaba, pues las escrituras habían cobrado un nuevo sentido para él.

Sin embargo y sin darse cuenta, su nueva teología seria el principio de la oposición al sistema penitencial de la iglesia y a las doctrinas comunes de la época que distaban mucho de ser enseñanzas basadas en la ética.

La venta de indulgencias.

En el siglo XVI, el Papa León X, uno de los peores de aquella época de papas que eran conocidos por su falta de ética, su indolencia, su avaricia y corrupción, según la historia, soñaba con terminar la Basílica de San Pedro la cual había sido comenzada por su predecesor Julio II, pero que por falta de fondos, el avance de su obra marchaba muy lentamente. En su afán por terminar dicha obra, León X no dudo en concederle a Alberto de Brandeburgo el arzobispado de Mainz (que era el más importante de Alemania) y autorizar la venta de indulgencias a cambio de que la mitad del producto fuera entregado a Roma.

Es en ese tiempo que estalla en Alemania un gran escándalo debido a la venta de dichas indulgencias por parte del Papa; el encargado de la venta de dichas indulgencias en ese país era el dominico Juan Tetzel, un hombre sin escrúpulos que, con tal de promover su "mercancía", no dudaba en aseverar que el pecador que la obtenía, quedaba "más limpio que después del bautismo" y, en el caso de la venta de indulgencias para un pariente difunto, aseveraba que "tan pronto como la moneda suena en el cofre, el alma sale del purgatorio"[20]

Dicha venta, acompañada de tales afirmaciones resultaban para los estudiosos una práctica anticristiana, repugnante, una total falta de ética y de moral e, indiscutiblemente, una prueba más del triste estado al que había llegado la iglesia Católica, pero, aunque muchos abrigaban tales sentimientos, nadie hacia pública su protesta por lo que la venta de indulgencias continuaba.

Lutero condena la venta de indulgencias en sus 95 tesis.

Fue Martín Lutero, un monje católico perteneciente a la orden religiosa de los agustinos; experto en la Biblia y doctor universitario quien, en 1517 expuso públicamente su opinión contraria tanto a la venta de indulgencias como a toda doctrina que la sustentaba. Para Martín Lutero, esa acción representaba una estafa y un engaño a los creyentes con respecto a la salvación de sus almas. Y así lo expreso por escrito en un documento que hoy se conoce como "las 95 tesis de Lutero", el cual clavo en la puerta de la iglesia del castillo de Wittenberg y en el cual expone, entre otras muchas aseveraciones que: "es mera doctrina humana predicar que tan pronto suenan las monedas en la caja, el alma sale volando" (tesis 27) "decimos por el contrario que las indulgencias papales no pueden borrar el más leve de los pecados veniales" (tesis 76). Además, en el mismo documento ataca abiertamente la explotación de la cual el pueblo alemán era objeto al manifestar en la tesis número 82: "¿Por qué el Papa no vacía el purgatorio a causa de la santísima caridad y la muy apremiante necesidad de las almas, lo cual sería la más justa de todas las razones

LA HISTORIA DEL PROTESTANTISMO

si él redime un número infinito de almas a causa del muy miserable dinero para la construcción de la basílica, lo cual es un motivo completamente insignificante?" y remata con la tesis 86 diciendo:" ¿Por qué el Papa, cuya fortuna es hoy más abundante que la de los más opulentos ricos, no construye tan sólo una basílica de San Pedro de su propio dinero, en lugar de hacerlo con el de los pobres creyentes?"[21]

Este mismo criterio de Lutero podría tener la misma vigencia hoy en día, no con la venta de indulgencias propiamente dicho, pero si con la venta de bendiciones o deseos que personas sin pizca de ética y ávidas de dinero se apoderan de la fe de aquellos que desean sinceramente obtener la gracia de Dios.

Poco después, Lutero envía una carta a Alberto de Brandeburgo junto a una copia de sus tesis. Tanto Alberto como el emperador Maximiliano piden a León X que intervenga, pero el papa decide poner el caso en manos de la orden de los agustinos que, para sorpresa de Lutero no solo no lo condenan sino que además muchos de los monjes se mostraron a favor de su doctrina.

Luego de un periodo de confrontaciones y peligros tanto para Lutero como para sus seguidores, el papa León X lo acusa de herejía y ordena la quema de los libros del monje y le dio a éste sesenta días para someterse a la autoridad de Roma la pena de ser excomulgado. Cuando la bula llega a manos de Lutero, éste decide quemarla, confirmando así su rebeldía ante las autoridades eclesiásticas de Roma.

Después de eso, Lutero debía comparecer ante la dieta del imperio, reunida en Worms en 1521. Ya ante el emperador, le fueron presentados sus libros y se le preguntó si acaso estaba dispuesto a retractarse de lo ahí escrito, a lo que Lutero respondió: "no puedo ni quiero retractarme de cosa alguna, pues ir contra la conciencia no es justo ni seguro. Dios me ayude"[22] Con estas palabras dejaba muy claro su ruptura con el imperio. A lo cual el Emperador responde con el edicto de Worms, en el cual se declara hereje a Lutero, y se prohíbe que le den asilo.

Comienza el cambio.

Martin Lutero baso su predicación en los siguientes hechos: 1) la salvación de las almas era concedida por la fe, 2) afirmó que para que un sacramento fuera válido, debía haber sido constituido por Jesucristo, por tanto, solo los sacramentos, del bautismo y la comunión, tenían valor; 3) afirmó con toda convicción, que la única fuente de revelación era la Biblia y no las doctrinas Romanas y 4) la fe verdadera y genuina no debe ser impuesta mediante la autoridad civil, sino por medio de la predicación de la palabra de Dios.[23]

Pero mientras Lutero se encontraba en el exilio, muchos monjes dejaron sus monasterios y contrajeron matrimonio, las misas se empezaron a dar en alemán en lugar de en latín, las misas por los muertos fueron abolidas y los días de ayuno y abstinencia fueron cancelados, y algunos seguidores derribaron las imágenes.

Finalmente en 1526 se declaró inválido el edicto de Worms, y se daba a cada estado la libertad de seguir la doctrina religiosa que le dictara su conciencia.

Los pasos de la Reforma en Suiza.

En suiza, también empiezan a verse muchos cambios, el gobierno había abolido las misas y optado por el protestantismo. La actividad teológica se incrementó, con el surgimiento de predicadores que denunciaban la corrupción de la iglesia Católica y los evangelizadores que pregonaban las ideas luteranas por doquier. Era inminente la necesidad de la creación de una nueva iglesia, cuyas enseñanzas tuvieran mayor fidelidad al evangelio de Cristo. Uno de los más destacados evangelizadores de la reforma protestante era Guillermo Farel, quien se encontraba al frente de la vida religiosa de la ciudad.

El avance de Farel fue considerable, al poco tiempo el gobierno trabajaba junto con la iglesia para que las creencias protestantes se arraigaran en sus habitantes. Y la gente estaba dispuesta al cambio, pero hacía falta alguien que asumiera el liderazgo para guiar y administrar la iglesia reformada; necesitaban la ayuda de alguien que supiera cómo organizar la nueva iglesia y le diera un contenido religioso claro y fiel a las escrituras, lejos de las mentiras, la corrupción, la falta de ética y la avaricia que caracterizaban a la iglesia Católica en ese momento.

Juan Calvino llega a Ginebra.

En 1536, el reconocido teólogo francés, llamado Juan Calvino, viajaba a Estrasburgo, Suiza, con la intención de establecerse ahí y continuar con sus estudios y escritos sobre la floreciente teología reformadora. Debido a que los caminos estaban bloqueados, Calvino se ve obligado a alojarse en Ginebra. Farel descubre la presencia del teólogo en la ciudad y decide ir con él y pedirle que se quede y le ayude a establecer la iglesia en la ciudad. No con pocos esfuerzos, logra convencerlo.[24]

Comienza la obra.

Calvino comienza la obra en Ginebra dando clases de la biblia, al poco tiempo se convierte en el pastor principal de la iglesia, y se encarga de su administración, la organización de los cultos y la predicación. Introduce la interpretación de salmos para la alabanza durante el culto. Crea también la confesión de fe que declaraba que Dios era la autoridad final.[25]

Pero también estableció la regla de la excomunión de la cena del señor para todo aquel que no llevara una vida moral o en dependencia con el Espíritu Santo. Pues "Calvino insistía en que para que, para que la vida religiosa se conformara verdaderamente a los principios reformadores, era necesario excomulgar a los pecadores impenitentes"[26] La rigidez de sus normas puso tensión en el ambiente y tuvo que abandonar la ciudad a petición expresa del gobierno de Ginebra.

Tras la expulsión de Calvino, la iglesia Católica decide aprovechar la situación para intentar recuperar la influencia que había perdido en Ginebra con la introducción de la reforma; por lo que el gobierno de la ciudad se ve obligado a pedir la colaboración de Calvino para responder a las presiones de Roma. Eso le da a este, la oportunidad de regresar y terminar lo que había comenzado tres años atrás.

Organización de la iglesia en Ginebra.

Una vez de regreso a ginebra, Calvino se dedica a la reorganización de la misma y establece las cuatro ordenanzas eclesiásticas, las cuales consistían en:

a) Pastores. Para obtener ese nombramiento, el candidato debía dar prueba del llamado de Dios y de su estilo de vida. Además de aprobar el examen de conducta así como el examen de conocimiento bíblico.[27]

b) Maestros. Estos eran elegidos de la compañía de pastores. Encargados de la pureza de la teología, debían conocer tanto el hebreo como el griego con la finalidad de proporcionar ministros bien adiestrados para las tareas de enseñanza.

c) Ancianos. Estos eran nombrados por los pastores principales. Debían ser personas de intachable conducta ética y moral, conocidos por su sabiduría y buena reputación. Y así debía ser puesto que eran los encargados de supervisar la vida moral y Espiritual de la comunidad.[28]

d) Diáconos. Los requisitos no eran muy distintos para ellos. Y su elección tenía dos vertientes: la supervisión y administración de los fondos de la iglesia y la supervisión del bienestar social de los miembros de la misma.[29]

En Ginebra se fundaron escuelas calvinistas para todos los protestantes extranjeros que visitaban la ciudad; estos extranjeros debían regresar a sus países de origen y enseñar allí la doctrina calvinista. El más importante de estos extranjeros fue el escocés John Knox, que consiguió que toda Escocia se convirtiera al calvinismo; en Escocia los calvinistas recibieron el nombre de presbiterianos. Escocia fue el único país donde el calvinismo se convirtió en religión oficial, pero también llegó a ser mayoritario en Holanda y hubo importantes minorías calvinistas en Alemania, Inglaterra y en Francia.[30]

La aportación que estos hombres de fe hicieron a la reforma de la iglesia tiene un gran valor para todos los cristianos que hoy en día profesamos libremente la doctrina verdadera, pues es gracias al coraje y la valentía con que se enfrentaron al gigante romano que podemos ser partícipes del verdadero evangelio; ese que está más apegado a la palabra de Dios y totalmente alejado de la mentira y la corrupción Católicas.

John Knox

Hijo de un comerciante de la pequeña localidad de Haddington, John Knox nació en 1514. Su familia no era adinerada, pero estaba muy bien relacionada con los condes de Bothwell, quienes dominaban la región al sur de Edimburgo. El joven Knox aprendió latín básico en la escuela de Haddington, al terminar su educación básica, se convirtió en tutor de los hijos de una familia noble y cuando estos fueron enviados a la Universidad de St. Andrew's en 1529, Knox pudo asistir junto con ellos y estudiar filosofía.[31]

En St. Andrew's, Knox conoció a quien había sido profesor de Juan Calvino en Francia, el teólogo escocés Juan Major. Al principio, el joven Knox quedó prendado a la oratoria del profesor, que igual condenaba las prácticas católico-Romanas como algunos excesos de Lutero, pero al poco tiempo, las ideas de Juan le distanciaron de su maestro. Knox era un joven impetuoso, muy interesado en la lectura y estudio de la Biblia y el conocimiento de la iglesia primitiva, pero que no veía en el libro sagrado un mero texto para interpretar intelectualmente como solía hacer su maestro Major.[32]

Un suceso ocurrido en 1528, la ejecución de Patrick Hamilton, un evangelizador que predicaba el Evangelio con la misma sencillez impresa en la Biblia, se convirtió en el primer mártir protestante en Escocia; su enseñanza conmovió profundamente a Knox y marco en inicio de una intensa búsqueda de la verdad. En los años siguientes, Knox se centró en el estudio de los padres de la Iglesia, quería llegar a las fuentes del Cristianismo. Jerónimo, Agustín, entre otros, llenaban sus horas de lectura. Al final, Knox llegó a la conclusión de dos cosas que se convertirían en los principios que fundamentaron su vida y ministerio:

1) el convencimiento que la Biblia era la única fuente de verdad, todo lo demás debía ser rechazado.

2) el prestigio o popularidad de un hombre no tenía valor si la debilidad de su carácter Espiritual no respaldaba su ministerio. Aun así se convirtió en sacerdote católico en 1536 y fue nombrado notario papal unos años más tarde. Durante ese tiempo Knox continúo sus estudios bíblicos, acumulando en su corazón las revelaciones que obtenía a medida que su conocimiento de la verdad avanzaba.[33]

Su conversión al protestantismo.

En el siglo XVI el poder de la iglesia Católica era prácticamente absoluto, no solo era dueña de la mayor parte de las tierras en Escocia. Si no que el mismo rey Jacobo V debía someterse a su voluntad, e incluso los ingresos eclesiásticos eran dieciocho veces superiores a los ingresos del rey.

A la muerte de Jacobo V, se proclama a María, su hija, como reina de Escocia, pero María tenía solo una semana de nacida, por lo que fue necesario nombrar un regente para gobernar, el encargado de ocupar ese puesto fue James Hamilton II un admirador de la reforma quien nombro como capellanes a un fraile y un monje conversos: Thomas Guilliame y a John Rough, respectivamente. Ambos se dedicaron a predicar la Palabra de Dios por toda Escocia. Knox fue uno de los muchos que escucharon las predicaciones de Guilliame, las cuales conmovieron a Knox de tal forma, que renuncio a su cargo de notario papal y adopto abiertamente la fe protestante.[34]

Comienza la persecución, Knox se convierte en guardaespaldas.

A mediados de 1540 con la muerte del regente Hamilton II, las facilidades para los protestantes terminaron. María de Guise, fue nombrada regente en representación de su hija. La reina madre era extremadamente católica por lo que persiguió ferozmente a reformadores y reformados. En medio de la persecución, un nuevo evangelista comenzó a mover a las masas de Escocia, George Wishart, ignorando las amenazas de los católicos continuo viajando por el país predicando la reforma a quien quisiera oírlo. Knox fue a escuchar uno de sus sermones y quedó prendado con su forma de predicar, se unió al movimiento de Wishart como su guardaespaldas, para protegerlo de los grupos de católicos extremistas que pudieran asistir a sus sermones con la intención de matar a los predicadores o a los asistentes. Luego de cinco semanas, Wishart insiste para que Knox regresara con sus pupilos; aprovechando su ausencia, Wishart fue apresado y ejecutado el primer día de marzo de 1546 por orden del arzobispo de St. Andrew's David Beaton.[35]

El pueblo venga la muerte de Wishart.

El pueblo clamaba venganza por la ejecución de Wishart, pocas semanas después un grupo de caballeros entro al castillo de St. Andrew's donde Beaton se ocultaba y lo mataron y colgaron su cuerpo en la ventana del castillo, justo encima del lugar donde Wishart había estado prisionero.

Los caballeros tomaron en castillo y la reina madre envió fuerzas para acabar con los protestantes que ahora se hacían llamar castellanos. El asedio comenzó en 1546, pero un año más tarde, los castellanos seguían de pie; Knox se unió a ellos en 1547 y empezó a predicar entre ellos, cuando los castellanos le pidieron que fuera su pastor, Knox lloro de emoción, jamás imagino que Dios lo llamaría a su servicio.[36]

Knox decide aceptar el puesto de pastor de Los Castellanos.

Antes de entrar en funciones, Knox se retiró a meditar sobre la gran responsabilidad que Dios le había encomendado, durante el proceso, el joven reformador acudió a la iglesia para escuchar a un sacerdote que se oponía abiertamente a la reforma. El sacerdote afirmaba desde el pulpito que la iglesia Católica tenía la autoridad para dictar quien era un hereje y condenarlo. Lleno de furia e indignación Knox se puso de pie en medio de la congregación y le grito que la iglesia Católica estaba tan podrida que no era quien para juzgar a nadie. Ahora estaba seguro, atendería el llamado de Dios. En su primer sermón hizo trizas a la iglesia dejando al descubierto las herejías papales y tachando al régimen católico de anticristiano.

Tal osadía le costaría la libertad. En 1547 el castillo fue sitiado por los franceses y Knox fue llevado a las galeras como prisionero donde realizaría trabajos forzados por poco más de un año y medio.[37]

Exiliado en Inglaterra.

Tras su liberación, Knox permaneció en Inglaterra como invitado de honor, durante su estadía pastoreo la iglesia de Berwick en la que enseño las tres doctrinas clásicas del protestantismo:

1. La supremacía de la Biblia sobre las tradiciones de los hombres.
2. La justificación solo por la fe.
3. El sacerdocio de todos los creyentes.[38]

Tiempo después Knox fue nombrado capellán real y elegido para revisar el libro de oración común. Pero la muerte del rey Enrique VIII

LA HISTORIA DEL PROTESTANTISMO

y la sucesión al trono de su hija María cambiaria las cosas para Knox y los protestantes.

María Tudor fue nombrada reina, como católica férrea revocó todas las leyes que protegían la causa protestante. La fe Católica fue reinstaurada y a los protestantes se les dio un plazo para cambiar de fe so pena de ser acusados de herejía. Knox no tuvo otra elección más que dejar Inglaterra y dirigirse a Francia. Más de trescientas personas fueron asesinadas durante la persecución que se desato en Inglaterra.

Durante su exilio escribió una de sus cartas más extensas en la cual denunciaba al clero católico y acusaba a la reina María Tudor de ser peor que Jezabel.[39]

Knox y Calvino juntos.

Después de enviar la carta se dirigió a Suiza donde en 1554 conoció a Juan Calvino, con quien congenio de inmediato a pesar de la gran diferencia de sus métodos, Calvino, reflexivo y metódico, Knox impulsivo y bravucón. Durante su convivencia logro empaparse de la escuela de Calvino y aprender el idioma hebreo.[40]

En 1557 Knox recibe la invitación de volver a Escocia, al principio dudo en hacerlo, pero Calvino lo convenció para que aceptara. Cuando llego a la ciudad de Dieppe, Francia, recibe una carta donde sus amigos escoceses le piden que permanezca ahí lo cual lo enfureció. Tras dos meses de espera, Knox rumiaba contra sus más grandes enemigas: la reina de Inglaterra, quien perseguía ferozmente a los protestantes y la regente de Escocia, que no le permitía regresar a su tierra. Fue entonces que escribió su "Primer toque de trompeta contra el régimen monstruoso de las mujeres" un documento en el que condenaba los crímenes de la reina de Inglaterra contra los protestantes y rechazaba la posibilidad de gobernar a las mujeres en general. Al poco tiempo de que su libro llegara a Inglaterra, María Tudor muere y es sucedida por Isabel I, quien también se sintió atacada por las palabras de Knox, hecho que dificulto la alianza natural que debió haber existido entre la nueva reina (que era protestante) y Knox.[41]

La muerte de la regente María y la prohibición del catolicismo en Escocia.

Mientras tanto la situación en Escocia se hacía cada vez más difícil para los protestantes que estaban siendo masacrados por la regente María y sus aliados franceses. Isabel I decide enviar tropas a Escocia para hacer frente al ejército francés. Pero la regente María muere y tanto Francia como Inglaterra se retiran de Escocia, dando a Knox y a los protestantes un respiro. En 1560 el parlamento prohíbe el catolicismo, la obediencia al papa y los elementos litúrgicos católicos. Knox junto a otros pastores presentaron una confesión de fe basado en la doctrina calvinista que fue aceptada por el parlamento. En cada iglesia se elegían ancianos y ministros; con el libro de orden común, el libro de disciplina y la confesión escocesa se fundamentó la construcción de la nueva iglesia.[42]

María Estuarto toma posesión del trono de Escocia.

Los católicos mientras tanto procuraron el regreso a Escocia de María Estuarto con la esperanza de que esta restableciera el catolicismo. María llego en 1561, y desde el principio insistió en celebrar la misa en su capilla privada. Knox no tardó en ponerse en contra de la reina y asegurar, que si ella gobernaba no tardaría en quitar la libertad a los protestantes.

Pero María tenía otros planes, quería el trono de Inglaterra y tras una larga lucha fue obligada a abdicar el trono, huir a Inglaterra y pedir la protección de Isabel I. Finalmente fue acusada de conspiración en contra de Isabel I y decapitada en 1587.[43]

Muerte y legado de Knox.

Para Escocia, el exilio de María no significó el fin de las contiendas entre católicos y protestantes. La lucha seguía arduamente cuando en 1572 Knox enferma y fallece, dejando un legado importante para la reforma de Escocia: 1) Knox rechazó por completo el gobierno del papado sin dejar a los miembros de la iglesia sujetos a una monarquía, 2) ensenó al pueblo a resistir a la autoridad y a los gobernantes injustos. 3) contribuyó activamente en la instauración de un orden protestante en toda Escocia. 4) Pero sobre todo, hasta su último aliento "rogó a Dios porque diera verdaderos pastores a su iglesia, para que la pureza de la doctrina pudiera ser conservada."[44]

CAPÍTULO II

DE LA REFORMA DEL SIGLO XVIII A LAS IGLESIAS DE LA ACTUALIDAD

Juan Wesley, el fundador del Metodismo.

Juan Wesley, nació en 1703, su padre fue el reverendo Samuel Wesley, perteneciente a la iglesia anglicana. Wesley egresó del colegio de Christ Church, de la universidad de Oxford en 1725. Durante su época de estudiante formó junto a su hermano Carlos, una sociedad religiosa en la cual, sus miembros se comprometían a llevar una vida santa y a realizar una serie de actividades religiosas y humanistas que comprendían la comunión semanal, el estudio diario de las escrituras y la visita a los presos de las cárceles. Debido a la rigurosidad con la que Wesley y sus compañeros cumplían con sus deberes dentro de dicha fundación, sus compañeros les impusieron en forma despectiva el mote de "metodistas".[1]

Su encuentro con la fe verdadera.

Es en 1738, durante su participación en una sociedad religiosa, que Wesley siente por vez primera, como su fe crecía en Cristo, mientras escuchaba la lectura del prefacio de Lutero a la epístola de los romanos, sintió la certeza de que Jesús había lavado sus pecados y le reconoció como su única fuente de salvación del pecado y la muerte.

Comienza su obra de predicación.

Más tarde, acepta la invitación de otro de los miembros del "club santo" de ayudar con la obra de predicación que había iniciado en Bristol. Jorge Whitefield había decidido partir a América para llevar el evangelio, pero necesitaba dejar a alguien al frente de su congregación. Pero para Wesley, el hecho de predicar al aire libre no le resultaba agradable, pues estaba convencido que Dios prefería que su adoración se hiciera de una forma más solemne y ordenada, es decir, desde un pulpito y dentro de un templo. Todo parece indicar que con el tiempo Wesley se acostumbró a esa forma de predicación, aunque siempre manifestó que era por mera necesidad no por idoneidad. Tampoco era de su agrado la respuesta que algunos de sus oyentes manifestaban durante el servicio religioso, en el que algunos lloraban, se angustiaban y caían desmayados, luego manifestaría que dicho comportamiento seria la lucha entre Satanás y el Espíritu Santo durante la obra de Dios.

Wesley siguió colaborando con Whitefield por algún tiempo, más tarde Whitefield encabezó un movimiento en Gales que culminó con la formación de la Iglesia Metodista Calvinista.

Surgen las clases metodistas.

Por su lado Wesley siguió ministrando para la iglesia anglicana mientras continuaba con las actividades de sus sociedades metodistas que cada día iban en aumento. Con el tiempo, y debido al número creciente de adeptos a esas sociedades, surgieron las clases metodistas, estos eran pequeños grupos conformados por once personas que eran ministradas por un jefe al cual elegían de acuerdo a su vida piadosa, sabiduría y fe. De estos grupos surgen también varias mujeres que eran valiosas líderes grupales.

En su expansión misionera, Wesley se vio obligado a viajar por toda Inglaterra, además de Escocia, Gales e Irlanda. Y para cubrir la predicación de tan grande territorio debió trabajar muy duro dando varios sermones al día. Por ello fue necesario introducir al movimiento a predicadores laicos para que lo apoyaran en las tareas de la predicación. Entre esos predicadores laicos participaban también mujeres, procedentes de los grupos de clases femeninas, lo cual no era posible en la iglesia anglicana.

Durante todo este proceso no faltaron los conflictos tanto teológicos como eclesiásticos. Las autoridades anglicanas veían la costumbre de Wesley de predicar por todo el país como un acto de desobediencia contra el orden establecido. Para Wesley, faltar a la autoridad de la iglesia le era obligatorio, para no faltar a la autoridad de Dios.[2]

La independización del metodismo.

Para Juan Wesley, el propósito de sus reuniones no era la de fundar una nueva denominación, sino que para él, servían de preparación para recibir la comunión que se celebraba dentro de los templos de la iglesia anglicana.

Lo que realmente obligó al metodismo a declarar su independencia fue el factor legal que permitía los cultos y los edificios religiosos no anglicanos siempre y cuando estuvieran debidamente registrados, lo cual implicaría su separación de la iglesia nacional inglesa.

En 1784 nombra a los primeros presbíteros (obispos) para servir e Escocia y en otros territorios más. Wesley envía predicadores a las colonias norteamericanas donde el metodismo creció rápidamente. Si bien es claro que Juan Wesley nunca pretendió que su organización se separase de la iglesia anglicana, también lo es que las circunstancias del momento poco a poco lo fueron orillando a dicha separación. Cuando las trece colonias declararon su independencia de la corona británica, Wesley intento evitar que los predicadores metodistas apoyaran el movimiento, pero estos no estuvieron dispuestos a seguir sus dictámenes y contra los deseos de Wesley queda formalmente constituida la Iglesia Metodista Episcopal de los Estados Unidos.[3]

El Pentecostalismo de Charles F. Parham.

En el año 1900, el ministro metodista Charles F. Parham, decide establecer el Instituto Bíblico Betel en Topeka, Kansas. Este instituto estaba pensado solo para hombres pertenecientes a la raza blanca, en esos tiempos, el racismo no daba cabida para los hombres de color.

La base de la predicación de Parham era la santidad de los creyentes, así como el bautismo en el Espíritu Santo para fortalecer la vida de los cristianos el cual se manifestaba en el don de hablar en lenguas y en el evidente regreso de Jesucristo para restaurar su iglesia.

Durante una de sus reuniones, ocurrida en la víspera del año nuevo, después de estudiar el libro de los Hechos acerca del bautismo del Espíritu Santo, uno de sus estudiantes, de nombre Agnes Ozman, experimento el hablar en nuevas lenguas.[4]

De acuerdo al libro de Hechos, después de haber padecido, muerto y resucitado, Jesús se presentó ante sus apóstoles durante un periodo de cuarenta días hablándoles acerca del reino de Dios y mandándoles que no dejaran Jerusalén, sino que esperasen la Promesa del Padre diciendo: "Porque Juan ciertamente bautizo con agua, mas vosotros seréis bautizados con el Espíritu Santo dentro de no muchos días" (Hechos 1:5)…"recibiréis poder, cuando haya venido sobre vosotros el Espíritu Santo, y me seréis testigos en Jerusalén, en toda Judea, en Samaria, y hasta lo último de la tierra". (Hechos 1:8).

Estas palabras vieron su cumplimiento en el día de Pentecostés, mientras estaban reunidos en el aposento alto. "Cuando llegó el día de Pentecostés, estaban todos unánimes juntos. Y de repente vino del cielo un estruendo como de un viento recio que soplaba, el cual llenó toda la casa donde estaban sentados; y se les aparecieron lenguas repartidas, como de fuego, asentándose sobre cada uno de ellos. Y fueron todos llenos del Espíritu Santo, y comenzaron a hablar en otras lenguas, según el Espíritu les daba que hablasen. Moraban entonces en Jerusalén judíos, varones piadosos, de todas las naciones bajo el cielo. Y hecho este estruendo, se juntó la multitud; y estaban confusos, porque cada uno les oía hablar en su propia lengua" (Hechos 2:1-6).

Debido a la expectación que esto provocó en los medios de comunicación, tanto los estudiantes de Betel como su director, empezaron a proclamar esta nueva experiencia pentecostal la cual poco a poco fue ganando seguidores y en tan solo cinco años, el movimiento pentecostal de Parham se había proyectado en todo Kansas, Missouri y Texas. Debido a ese crecimiento, Parham había cerrado el Instituto bíblico de Kansas para dedicarse a predicar el mensaje pentecostal basado en la experiencia del Espíritu Santo.

En el año 1905, decide abrir nuevamente su escuela bíblica, esta vez en la ciudad de Houston, Texas. Es ahí donde conoce a William J. Seymour, hombre de la raza negra, procedente de padres nacidos en la esclavitud. Quien más tarde se encargaría de dirigir el movimiento pentecostal más tarde conocido como el avivamiento de la calle Azusa.

El Movimiento Pentecostal.

Se toma como punto de partida del movimiento pentecostal mundial, el suceso conocido como el "avivamiento de la calle Azusa", dirigido por William J. Seymour, predicador afroamericano quien en febrero de 1906 fue invitado a predicar en una Iglesia en Los Ángeles, California, dirigida por Julia Hutchins. En su primer sermón, Seymour sostuvo que el bautismo del Espíritu Santo era acompañado con el hablar en lenguas, afirmación que le acarreo rechazo y criticas principalmente porque él no había experimentado personalmente la manifestación a la que se refería con tanto ahínco. Sin embargo, no todos los miembros de la Iglesia de Hutchins rechazaron la predicación de Seymour. Él fue invitado a quedarse en la casa de un miembro de la congregación de Edward S. Lee, donde empezó a celebrar los primeros estudios bíblicos y reuniones de oración allí.

El predicador Seymour y su pequeño grupo de nuevos seguidores pronto se trasladaron a la calle North Bonnie Brae, donde las familias blancas de las iglesias de Santidad locales comenzaron a asistir también, algo histórico del naciente movimiento pentecostal, ya que en los Estados Unidos para esa época existían grandes discriminaciones raciales.

DE LA REFORMA DEL SIGLO XVIII A LAS IGLESIAS DE LA ACTUALIDAD

El grupo se reunía periódicamente y oraba por el bautismo del Espíritu Santo. Después de cinco semanas de predicación y oración, Edward S. Lee hablo en lenguas por primera vez, en la próxima reunión otras seis personas empezaron a hablar en lenguas también, finalmente, unos días después, el 12 de abril, Seymour hablo en lenguas por vez primera después de haber orado toda la noche.

Cabe mencionar que Hutchins, una de las primeras opositoras de la predicación de Seymour, llego a hablar en lenguas y su congregación entera comenzó a asistir a las reuniones. Pronto la multitud se volvió muy grande y estaban llenos de gente hablando en lenguas, gritando, cantando y gimiendo. Había surgido la Iglesia Pentecostal.

Las dos vertientes del pentecostalismo: Afiliación e Independencia.

En la actualidad, "el pentecostalismo es la rama del cristianismo que coloca la experiencia personal del Espíritu Santo como señal de la condición de ser cristiano".[6] cuyo origen se toma generalmente del avivamiento de la calle Azusa ocurrida en Los Ángeles en 1906. A ese movimiento se adhirieron numerosos grupos religiosos, entre ellos la Iglesia Pentecostal de Santidad, Las Asambleas de Dios, etc. En este capítulo quiero presentar un resumen de las doctrinas y los fundamentos de estas dos iglesias como ejemplo de organizaciones religiosas pentecostales, para luego exponer el manejo de aquellas iglesias independientes con la intención de plasmar las similitudes y diferencias entre unas y otras.

LA IGLESIA PENTECOSTAL DE SANTIDAD

Su historia.

La primera congregación con el nombre de Iglesia de Santidad Pentecostal surge en 1898 en la ciudad de Goldsboro, Carolina del Norte, bajo la dirección del evangelista metodista Ambrose Blackmon Crumpler. En 1899 Crumpler se retira de la iglesia metodista, poco después de haber sido juzgado y absuelto por una corte eclesiástica por haber predicado lo que él llamo "las doctrinas gloriosas del metodismo". Una vez reorganizado junto con varios de sus seguidores formó una nueva iglesia con la denominación de Iglesia de Santidad Pentecostal de Carolina del Norte. De donde surgieron varias congregaciones tanto en carolina del Norte como Carolina del sur y el estado de Virginia. De 1901 a 1906 la palabra pentecostés fue retirada del nombre de la iglesia hasta que lo retomo después del derramamiento del Espíritu.[7]

La Iglesia de Santidad de los Bautizados en Fuego.

Esta iglesia fue formada por Benjamin Hardin Irwin, un abogado bautista convertido a la teología wesleyana de santidad. Dentro de su doctrina figuraba el "bautismo en fuego" que se obtenía después de la santificación. Muchos seguidores de Irwin fueron atraídos por su ministerio de sanidad.

En 1898 Irwin dirigió el establecimiento de la Asociación de Santidad de los Bautizados en Fuego a nivel nacional y sirvió a dicha asociación como supervisor general hasta el año de 1900. En 1902 el nombre de la Asociación cambio a Iglesia de Santidad de los Bautizados en Fuego.[8]

La consolidación de ambas iglesias.

Poco después del avivamiento de la iglesia mediante el derramamiento del espíritu santo en la calle Azusa, tanto la Iglesia de Santidad de Carolina del Norte como la Iglesia de Santidad de los Bautizados en Fuego abrazaron la doctrina del bautismo en el Espíritu Santo, la cual se caracterizaba por el don de hablar en lenguas. De este hecho nació entre los miembros de ambas iglesias, el deseo de unirse en una sola denominación. Por lo que el 30 de enero de 1911, se reunieron en la ciudad de Falcón, Carolina del Norte, los Delegados de ambas iglesias con el propósito de llevar a cabo la consolidación de las dos congregaciones. La nueva organización religiosa adopto el nombre de Iglesia de Santidad Pentecostal y a partir de entonces su presencia se ha ampliado a muchos otros países tales como China, Sudáfrica, La India, Centro y Sudamérica.[9]

Desde su surgimiento esta iglesia ha mantenido su vigencia a través de los años con una fuerte labor en el ámbito de las misiones y la evangelización. "Desde 1990 el distrito electoral de la IISP ha aumentado de 1.8 millones a 4 millones de personas en todo el mundo. Más de 1700 nuevas iglesias de IISP se han iniciado en los Estados Unidos durante los últimos 12 años, y el número de miembros ha crecido de 170,164 a 265,744".[10]

La Iglesia de Santidad Pentecostal se autodefine como una iglesia cuyo anhelo es la conservación de la tradición wesleyana de santidad y la perpetuación de la tradición pentecostal como contribución al cristianismo contemporáneo.

Su fe reside en el poder de Dios que puede redimir al hombre mediante Jesucristo, quien fue enviado al mundo por el Espíritu Santo como agente de salvación; poder que está disponible para todos con el fin de sanar, limpiar, capacitar y salvar a todo aquel que creen él y tiene fe. [11]

La Iglesia Pentecostal de Santidad, es una organización religiosa que posee una estructura muy bien definida, cuya constitución contempla el nombre, su forma organizacional, artículos de fe, ordenanzas y pacto de compromiso, entre otras cosas. Además sus estatutos incluyen estructuras organizativas a nivel gerencial, distrital y local.[12]

Dentro de su "Pacto de Compromiso" brinda las pautas de comportamiento y proceder sustentadas siempre con bases bíblicas para toda aquella organización religiosa que desee formar parte de la IISP mediante la afiliación.

Además, llama la atención la importancia que le dan a la preparación Espiritual de los pastores mediante la cual buscan el desarrollo de la compasión que reflejo Jesucristo durante su estancia en esta tierra, con la finalidad de glorificar a Dios mediante la evangelización de los creyentes instándolos siempre a que describan, desarrollen y desplieguen sus dones Espirituales.[13] Sin dejar de invitarnos a aprender y desarrollar un estilo de vida en el que, mediante el comportamiento, vestimenta, lenguaje y aprendizaje diario, se obtenga un crecimiento Espiritual que sirva de "testimonio para edificar el reino de Dios y establecer el reinado de Jesús".[14]

Las Asambleas de Dios.

Conocida oficialmente como Fraternidad Mundial de Las Asambleas de Dios, esta fraternidad nació en el poblado de Hot Springs, Arkansas, el 2 de abril de 1914,[15] y actualmente, forma parte de las principales organizaciones pentecostales a nivel mundial.

Su fundador.

En el año de 1910 había dos grandes grupos pentecostales en los Estados Unidos, el Rev. E.N. Bell era el dirigente del grupo que comprendía a los estados de Texas y Arkansas. Sin embargo, en 1913 surgieron grandes controversias respecto al tema de la santísima trinidad y al nombre de quien debía realizarse el bautismo, lo cual obligo a la separación de los grupos con la intención de formar organizaciones que fueran afines a las creencias de quienes lo integraban. Entre el grupo de los que seguían la doctrina de la trinidad de Dios, se encontraba el Rev. Bell quien decidió convocar a un concilio a todas las iglesias pentecostales que también apoyaran la trinidad para organizarse de la mejor manera.

En ese primer concilio el Rev. Bell es elegido como presidente general, y se adopta el nombre de Asambleas de Dios. Meses más tarde, durante un segundo concilio, deciden que las Escrituras constituían su regla de fe y de conducta. Por último, la redacción de la Declaración de Fe que consta de 16 puntos y de sus cuatro Verdades Fundamentales, se realizó en 1916, durante un tercer concilio.[16]

DE LA REFORMA DEL SIGLO XVIII A LAS IGLESIAS DE LA ACTUALIDAD

La misión de Las Asambleas de Dios:

1. La evangelización del mundo.
2. La adoración a Dios.
3. El discipulado de los creyentes.
4. Mostrar compasión.

Dentro de sus valores se destaca el compromiso de proclamar enérgicamente a Jesús como Salvador, Bautizándolos en el Espíritu Santo, Sanador y Rey por venir.[17]

En las iglesias de Las Asambleas de Dios se imparten clases bíblicas personalizadas, mediante las cuales los creyentes reciben las verdades bíblicas de acuerdo a su edad, nivel de estudios e interés individual. Además los creyentes que son bendecidos con algún don, tal como el de hablar o profetizar en lenguas, el don de profecía e interpretación entre otros, reciben el apoyo y la supervisión de su pastor para que la congregación entera se vea beneficiada de las revelaciones del Espíritu Santo.[18]

El mensaje de la iglesia gira en torno a cuatro verdades fundamentales que fueron establecidas en 1916:

1. La salvación por medio de Jesucristo.
2. La sanidad divina.
3. El bautismo en el Espíritu Santo.
4. La segunda venida de Cristo.

Su constitución y reglamentos.

Dentro de su organización se destaca el documento que resguarda la Constitución y Reglamentos del Concilio General de las Asambleas de Dios. En dicho documento se establecen las siguientes declaraciones:

Que el propósito de Dios hacia la humanidad es:

1. buscar y salvar lo que se había perdido,

2. recibir adoración de todo ser humano,
3. edificar un cuerpo a la imagen de su Hijo, y
4. mostrar su amor y compasión a todo el mundo.[20]

Además, dicho documento alberga los requisitos de afiliación, el proceso de elección de funcionarios y presbíteros del concilio general, así como la duración de sus cargos y dentro de sus reglamentos se exponen los requisitos para obtener algún nombramiento dentro del concilio y en general para llevar a cabo el ministerio.

SU ESTRUCTURA ORGANIZATIVA

A nivel nacional.

> Directiva general
- Superintendente General
- Secretario General
- Tesorero General
- Superintendentes adjuntos

> Directiva Distrital
- Superintendente distrital
- Secretario distrital
- Tesorero distrital

> Presbítero de región
> Presidente de sección

A nivel local.

> Pastor titular
> Pastor asociado
> Secretario general
> Tesorero general
> Diaconía

> ➤ Cuerpo ejecutivo
> ➤ Junta administrativa de gobierno

Actualmente, la fraternidad de Las Asambleas de Dios cuenta con un poco más de 55 millones de miembros afiliados en más de doscientas setenta mil congregaciones. Los requisitos de afiliación se encuentran detallados en el artículo VII de su constitución.[21]

Las Iglesias Pentecostales Independientes.

Dentro de esta vertiente del pentecostalismo, se encuentran las iglesias independientes, que a diferencia de las iglesias afiliadas a grandes organizaciones religiosas como la IISP y las Asambleas de Dios, estas cuentan con completa autonomía para la toma de decisiones en cuanto a su constitución, su doctrina y manejo.

Muchos de los pastores de estas iglesias provienen de alguna de las iglesias afiliadas antes mencionadas que al diferir con la metodología de su estructura, deciden formar una congregación independiente.

Muchos de ellos comienzan desde ceros, predicando en los patios de sus casas, con solo unos pequeños grupos compuestos principalmente de vecinos y familiares que poco a poco van creciendo hasta formar una iglesia más grande. Aquí en el Valle del Sur de Texas, me ha tocado ver y ser parte de algunos de esos grupos; he sido testigo del esfuerzo que día con día realizan los pastores y sus esposas para llevar el evangelio al mayor número posible de personas.

Sin embargo, de acuerdo a los resultados de los sondeos realizados para la elaboración de este proyecto y a las propias declaraciones de los pastores y sus esposas, estos necesitan de una herramienta que les permita acceder con mayor facilidad a los estatutos de Dios para brindar un mejor servicio de consejería moral y Espiritual. En estos tiempos en que la corrupción moral llena el ambiente, la ambición desmedida lleva a los hombres a tomar la palabra de Dios para tergiversarla y usarla a su favor y beneficio, en estos días donde el amor y la compasión se han visto por demás disminuidos, nuestros pastores tienen mucho trabajo por hacer para guiar correctamente a los miembros de su iglesia y ayudarlos a volver a la fe verdadera.

Conclusión.

Como hemos visto a lo largo de este primer capítulo, ha sido invaluable la aportación que hombres como Lutero o Calvino hicieron a la adoración verdadera al enfrentar a la Iglesia Católica Romana y todas las artimañas de las que se valía para continuar con la manipulación de sus feligreses y el poder sobre los gobiernos que se sometían a su autoridad.

El hecho de que enfrentaran dicha autoridad aun a riesgo de su propia vida, nos dio a nosotros la libertad de conocer verdaderamente a Dios en su infinito amor y misericordia. Podemos descubrir en su palabra, el plan de salvación que por medio de nuestro señor Jesucristo nos ha proporcionado.

También ha sido de gran valor la aportación de los pastores contemporáneos a la iglesia, quienes con su entrega, dedicación y compromiso siguen cuidando del rebaño de Jesucristo hasta que el Señor vuelva a reclamar lo que es suyo.

DE LA REFORMA DEL SIGLO XVIII A LAS IGLESIAS DE LA ACTUALIDAD

Capítulo III

EL MINISTERIO EN MEXICO
Compartiendo la luz de la verdad.

Hace algunos años, mi alma encontró un sustancioso refrigerio Espiritual en las enseñanzas que se impartían en una iglesia ubicada en la pequeña ciudad de San Juan; el edificio, de arquitectura modesta es fácil de localizar, debido a la sencillez de su belleza lo cual inevitablemente atrae las miradas de aquellos que viajan por una de las calles más transitadas en esa ciudad. Por dentro, destacan los vitrales que decoran sus ventanas con bellas imágenes religiosas, los cuales fueron colocados después de lo que la pastora cataloga como una visión del decorado interno de la casa de Dios.

Al frente de aquella iglesia, un pastor de edad muy avanzada (pues actualmente debe rondar los 100 años de edad), uno de los muchos trabajadores del campo que año con año solía viajar junto con su familia hacia "el norte" para trabajar en "las piscas", característica común de los habitantes del Valle de Texas. Entregado al servicio de Dios desde hace casi cincuenta años, este pastor ha sido un gran maestro para mí, una persona cuya bondad y amor en Dios para sus semejantes siempre le han distinguido sin importar el lugar donde se encuentre, sin importar las circunstancias, su prioridad siempre ha sido la adoración a Dios; por lo que, de acuerdo a sus propias palabras, en cuanto terminaban de instalarse en los campamentos dispuestos para los inmigrantes del campo en aquellos lugares donde iban a piscar, inmediatamente después buscaban un lugar apropiado entre los patios del campamento y lo limpiaban y acondicionaban para realizar ahí los cultos de adoración a Dios. Así, entre los árboles y sembradíos se llevaban a cabo los servicios religiosos, cualquier lugar es bueno para rendir honores al Creador y para agradecer por sus bendiciones.

Mi participación.

Durante los diez años que compartí al lado de la pareja pastoral, pude ser testigo del gran amor que ambos profesaban por aquellos que menos tienen, de la preocupación por los que sufrían de hambre física y la compasión por los que desmayaban de hambre Espiritual. Para ellos la iglesia de Dios no significaba un edificio grande y hermoso que llamara la atención por su hermosura externa, para ellos la iglesia de Dios se encontraba en cualquier lugar donde dos o más personas se pudieran congregarse en el nombre de Jesús con el firme propósito de ensalzar al Creador (Mateo 18:20), ya fuera en el patio de una casa, entre las labores, en medio de los campamentos laborales, cualquier lugar es apropiado para dar a Dios alabanza y gloria.

Precisamente debido a esa forma de predicar, sin obstáculos lo suficientemente grandes como para que le impidiera compartir la palabra de Dios, es que nació la idea de llevar el mensaje de salvación a los lugares de mayor necesidad física y espiritual, fue así como se formaron las Misiones evangélicas en algunas ciudades de México.

Sembrando la semilla de la verdad en nuevos campos.

Con el firme propósito de llevar un mensaje de fe y esperanza a algunos pueblos de la República Mexicana, los pastores de la iglesia de San Juan comenzaron a organizar la formación de grupos misioneros que "abrirían camino" a nuevas rutas de evangelización. Durante los años 1995 al 2002 se lograron levantar más de 12 iglesias desde sus cimientos y se apoyó con materiales, mano de obra y acabados en otras 5 en varios estados de la República Mexicana.

Tal como hacían en "el norte', los misioneros liderados por los pastores, comenzaban predicando en espacios abiertos, en casas de algunos vecinos de la comunidad, debajo de un árbol o de una carpa. Llevando siempre un mensaje de esperanza, bendición y salvación mediante el sacrificio de nuestro señor Jesucristo. Mensaje del cual me siento enormemente agradecida con Dios por haberme dado la oportunidad de ser copartícipe y por haber comprobado de primera mano una frase escrita por el Dr. Andrés Panasiuk: "la perseverancia es lo que distingue al mediocre del exitoso".[1] la perseverancia del pastor me había mostrado el camino para participar exitosamente en la proclamación de la palabra del Altísimo.

Dan inicio las misiones a México.

José, el hijo de los pastores recibió una importante invitación de parte de un grupo de misioneros para que se uniera a ellos en una campaña de evangelización en la ciudad de Tampico, Tam. A lo que el joven aceptó encantado, una vez instalados comenzaron a predicar a los ahí reunidos, compartiendo la palabra de Dios con todas las personas que diariamente acudían para participar de esa campaña. Durante la misma, los misioneros pudieron percatarse de la necesidad y el deseo de los lugareños de construir una iglesia para poder adorar a Dios y aprender de su palabra. José y los misioneros estaban tan complacidos con la idea, que ahí mismo se comprometieron a ayudarles en todo lo posible para llevar a cabo la construcción del templo y con esa promesa en mente, partieron de la ciudad de Tampico llenos de ilusiones y de ideas para cumplir con esa promesa.

Poco tiempo después, con la ayuda de las aportaciones de los miembros de la iglesia de San Juan fue posible reunir los fondos suficientes para la construcción del templo en Tampico que, una vez terminado, se dejó en manos de una hija una de las parejas de misioneros que participaron tanto en la campaña de evangelización como en la construcción del templo.

Y ese sería solo el primero de muchos proyectos que ayudarían a cambiar las vidas de muchas personas que abrazarían la verdad durante las campañas de evangelización. Muchos más fueron beneficiados también en el municipio de La Pesca, Tam., donde las misiones de evangelización rindieron frutos con la construcción de dos templos.

Tres más fueron levantados en la capital del estado, Ciudad Victoria. Ahí se construyeron dos templos desde sus cimientos y se apoyó a una tercera iglesia con el techo y los acabados (puertas y ventanas). La noticia de lo que estos hermanos estaban haciendo en las comunidades más necesitadas del estado provocaron un efecto dominó y generalmente, de entre las personas que participaban en las campañas de evangelización y posterior construcción de los templos de adoración, surgían las peticiones para ir a otras comunidades y otras ciudades con el mismo fin.

Palma por láminas, piedras por bancas.

Prueba de lo anterior fue la petición que les hiciera una pareja de esposos que venían del municipio vecino de Llera, Tam., donde pastoreaban un pequeño rebaño bajo una palapa con techo de palma y bancos de piedra. El evangelizador no lo dudó ni un instante, aceptó la invitación de los pastores y acudió al lugar, así que regresó al Valle de Texas y compartió la petición de la comunidad de Llera con la congregación de San Juan, la respuesta no se hizo esperar. Un grupo de hermanos se apuntaron para acompañar al evangelizador al poblado de Llera, entre todos reunieron los fondos y viajaron en una camioneta donada por una servidora para el mismo fin. Cuando llegaron la comunidad, ya los locatarios los estaban esperando, listos y deseosos de poner manos a la obra. Y así fue, el techo de palma fue reemplazado con uno de lámina, las piedras que se utilizaban como bancos fueron sustituidos por bancas de madera y el lugar en general fue acondicionado para brindar un mejor servicio.

Algo similar sucedió en el poblado "El Guayabo", donde se dio apoyo con el techo del edificio, la pintura del mismo y la cerca del terreno a petición de los vecinos del lugar. Los acabados de un templo ubicado en Ciudad Mante también formó parte de los proyectos llevados a cabo por este evangelizador con la ayuda de sus padres, los pastores de San Juan, y el apoyo de los miembros de su tan generosa congregación.

Un milagro en "El Limón".

Durante uno de los últimos viajes misioneros realizados al sur de Tamaulipas por el evangelizador José y su grupo de misioneros, visitaron un pequeño poblado localizado cerca de Ciudad Mante llamado "El Limón"; en ese lugar iniciaron uno de sus acostumbrados programas de evangelización reuniendo a un gran número de visitantes, y fue durante uno de los cultos que la presencia del Señor se hizo presente para mostrar su grandeza y misericordia al conceder la petición de dos niñitas. Estas niñas habían estado asistiendo a los cultos ofrecidos por el grupo misionero y después de escuchar una prédica donde se mencionaba que el infinito amor y la bondad de Dios podían perdonar los pecados de las personas y obrar en sus corazones decidieron abordar al evangelizador para pedirle que hiciera oración por su padre, quien era alcohólico y solía maltratarlas a ellas y a su madre, para que este cambiara, para que ya no bebiera más y dejara de maltratarlas. Tanto el evangelizador como los presentes se conmovieron de gran manera al escuchar la petición de las pequeñas y José les dijo que el pediría a Dios por su padre, pero ellas también tendrían que hacer su parte, tenían que traer al hombre al culto del día siguiente. Al día siguiente, grande fue la sorpresa de los presentes al ver llegar a las niñas acompañadas de su padre, durante el culto el evangelizador poso sus manos sobre el hombre quien en un instante cayo postrado ante la fuerza del Espíritu Santo, confesó su arrepentimiento por tratar mal a su familia y pidió perdón a Dios por haberse dejado ganar la batalla contra el alcoholismo. El amor de Dios se hizo presente, el padre de las niñas aceptó a Cristo en su corazón, y su alma encontró la paz. El milagro solicitado por esas pequeñas fue concedido por nuestro Padre Celestial, la petición de sus corazoncitos limpios y puros fue escuchada y respondida al momento. Un milagro se había realizado en El Limón, por lo que la construcción del templo fue imperante. Afortunadamente, el cambio del hombre alcohólico fue genuino, esto se pudo comprobar en visitas posteriores del evangelizador, quien con gran gozo vio como la familia completa seguía fiel al Señor y activa en la iglesia.

La construcción de "El Arca de Noé".

Tiempo después de haber sembrado exitosamente la semilla de la verdad en el sur del estado de Tamaulipas, el evangelizador recibió una invitación para predicar en una congregación recientemente formada en el estado de Hidalgo; invitación que el evangelizador aceptó encantado, y luego de solicitar apoyo a su congregación para obtener los fondos necesarios para su traslado y estancia en su nueva misión, partió para Hidalgo con la certeza de que algo grande se realizaría en ese lugar el nombre del Señor.

Una vez en Hidalgo la campaña de predicación fue impresionante, el número de congregados fue bastante grande considerando que ese municipio es mayormente católico. Uno de los incidentes de mayor precedente fue el que ocurrió justo después de terminado el culto de ese día, donde un grupo de celosos católicos se amotinaron fuera del templo y comenzaron a arrojar piedras con las cuales rompieron los vidrios de las ventanas y destruyeron las puertas del edificio. Los presentes se arrinconaron al fondo del templo tratando de protegerse de los proyectiles lanzados por el grupo de católicos extremistas que al ver terminada su obra de destrucción, se retiraron el lugar pensando que habían "derrotado" al grupo de "aleluyas" que había llegado al pueblo para inquietar a sus pobladores.

Nada más lejos de la verdad, el incidente no amedrentó a los pentecostales, por el contrario, la experiencia les hizo tomar un nuevo ímpetu para reconstruir el templo, solo que esta vez harían las cosas de tal manera que la propiedad del templo fuera protegido así como la integridad de sus congregados.

Para sorpresa de los pastores y del evangelizador, un locatario donó una parte de terreno para la construcción del nuevo templo, la sorpresa no era por la donación (que ya en si era de gran bendición) sino porque el donante perteneciera a una de las familias más Católicas de la región. Para evitar futuros conflictos la propiedad fue registrada a nombre de la Iglesia Santa Pentecostés del estado de Hidalgo, la iglesia fue registrada como organización religiosa y una vez que se tuvieron todos los documentos en regla, la congregación de San Juan se envolvió en la construcción de un templo más, el templo del estado de Hidalgo denominado "El Arca de Noé", donde una gran congregación se reúne fielmente desde entonces.

Se construye la iglesia de Linares.

Otro de los lugares donde se continuaron realizando misiones de evangelización fue en el hermoso pueblo de Linares, estado de Nuevo León; ahí la pareja de pastores, junto a su servidora y otras personas más, comenzamos la obra de evangelización, visitando algunos hogares, predicando en los parques y haciendo estudios bíblicos en las casas de los lugareños, con el tiempo la obra prospero, el grupo misionero reportaba con gran entusiasmo los avances realizados a la congregación de San Juan, quienes contagiados con el ánimo de los misioneros hacían generosas aportaciones para sostener la creciente obra de Dios en aquel bello lugar; la obra no se detenía, los pastores nos alentaban a continuar trabajando en lo que parecía un campo muy prometedor para sembrar la semilla de la verdad, poco a poco y no con poco esfuerzo, se pudo construir un templo y se asignó a un pastor para que cuidara del rebaño de Dios que le había sido encomendado.

Una vez establecida la iglesia, la congregación de San Juan continuó apoyándola, el grupo de misioneros continuaba sus visitas periódicamente con el objeto de seguir ministrando alimento Espiritual, cuando era posible los miembros de la congregación aportaban ropa, comida y artículos de primera necesidad para repartir entre los miembros de la nueva iglesia, la bendición fue grande, aunque eso no significaba que estábamos exentos de contratiempos o incluso de peligros durante nuestros trayectos carreteros.

Un alto por los "Federales".

Una de las experiencias que más temor provocó entre el grupo de personas que acostumbrábamos viajar regularmente a la ciudad de Linares para ministrar en la iglesia recién construida, fue una ocasión en que una patrulla de la policía federal de caminos nos indicó el alto, en ese entonces algunos personas conocidas o familiares comentaban que sus experiencias con los "federales" podía resultar bastante mala, pues las personas que viajaban más allá del punto aduanal en vehículos americanos eran presa fácil para algunos miembros corruptos de la corporación policiaca ya mencionada, los cuales solían pedir dinero a cambio de permitirles continuar su camino, podían "confiscar" las cosas que llevaban o, en el peor de los casos, les inventaban cargos para "decomisar" el vehículo.

Uno de los oficiales le indicó al hermano que iba al volante que bajara del vehículo, los demás permanecimos en el auto mientras nuestro hermano era cuestionado por el "federal", recordando los comentarios de nuestros familiares y amigos, todos comenzamos a orar a nuestro Dios para que estos oficiales no fueran parte del grupo de personas deshonestas que manchaban el nombre de la corporación policiaca (salmos 40:13).

Mientras el primer oficial interrogaba a nuestro hermano, su compañero nos observaba con mucha atención, preguntando también de dónde veníamos, hacia donde íbamos, que llevábamos en el auto y cuál era el motivo e nuestro viaje, preguntas que contestábamos con gran nerviosismo pero a la vez con nuestra confianza puesta en Dios nuestro señor. Después varios minutos y un sinnúmero de preguntas el hermano regresó al automóvil, buscó entre sus cosas la cartera y sacó de esta una credencial que lo acreditaba como ministro religioso, mostró al oficial dicha credencial y después de unos instantes, se la devolvieron y nos dijeron que podíamos continuar nuestro camino, entonces todos los ocupantes del vehículo hombres, mujeres, y niños, dimos gracias al Creador por cuidar de nosotros y librarnos del peligro tal como lo dice su bendita palabra: "Pacientemente esperé a Jehová, y se inclinó a mí y oyó mi clamor" (Salmos 40:1).

De nuevo en la carretera preguntamos al hermano que le había dicho el federal y pensativo contesto: "me pregunto muchas cosas, insistía en que yo ocultaba algo porque me veía muy nervioso y tartamudeando, cuando le dije que mi tartamudez no se debía al nerviosismo por ocultar algo sino a un problema del habla que padecía desde niño, sonrió diciendo "sí, claro", luego me preguntó a qué iba a Linares y yo le comenté de nuestra iglesia, del ministerio que habíamos realizado en esa ciudad, y nuestra intención de seguir apoyando a la nueva congregación, cuando le mostré mi credencial de ministro religioso, vi como de repente su expresión cambió, su mirada antes fría e inquisitiva se tornó más amable, cálida y podría decir hasta respetuosa, sin más me devolvió los documentos y lo demás, bueno ustedes ya lo saben". Y por supuesto que lo sabíamos, Dios había escuchado nuestras oraciones y nos abría el paso para continuar con nuestra labor.

La semilla dio frutos.

Una vez en Linares, vimos con gran alegría la iglesia recién construida, con sus bancas alineadas y vimos a un grupo de personas preparando el lugar para la celebración del culto, unas hermanas barrían el lugar mientras los hermanos colocaban hileras de sillas en forma ordenada y con singular alegría haciendo palpable la presencia de Dios y su complacencia ante la obra realizada. Con gran gozo participamos de las alabanzas al Dios, uniendo nuestras voces y corazones a los de los hermanos que agradecidos por el alimento Espiritual que les estaba siendo entregado, cantaban al Señor con gran emoción y agradecimiento.

Durante la predicación, el pastor compartió con los presentes la experiencia que vivimos durante nuestro trayecto y dio gracias al Altísimo primeramente por haber sembrado en los corazones de los pastores de la iglesia de San Juan el deseo de servirle mediante la creación de nuevas congregaciones en otros lugares, segundo por cuidar de los evangelizadores durante su trayecto hacia esa nueva congregación protegiéndolos de peligros y tercero, porque la semilla sembrada estaba dando frutos.

La conversión de un brujo de "La Petaca".

Otra de las bendiciones recibidas durante nuestra obra en Linares fue la conversión de un hombre que aseguraba ser brujo y practicar magia negra en "La Petaca", una de las localidades más famosa del estado por el gran número de practicantes de brujería que hay en ese lugar cuya característica más impresionante no es solo la práctica de brujería en sí, sino que un gran número de sus practicantes son conocidos como "Nahuales" que son personas que mediante el uso de magia negra se convierten en animales.

Resulta que ese hombre era uno de los Nahuales de La Petaca, y confiesa haber acudido a la campaña de evangelización por mera curiosidad, pero durante el culto sintió una opresión en el pecho que le hizo desear escuchar más. Por eso le pidió al evangelizador que fuera a su casa para realizar un culto ahí. El grupo aceptó, y fueron a su casa, donde se llevó a cabo algo que ni la magia más poderosa podría superar, la rendición de un hombre que después de servir a Satanás por muchos años, ahora se postraba ante la presencia del Dios todopoderoso Jehová, que manifestaba su gran amor y misericordia para perdonar los pecados de un hombre que sinceramente arrepentido había decidido dejar atrás su vida de brujo para servir al Creador. ¡Gloria a Dios por llenarnos de su amor, de su bondad y su infinita misericordia!

De vuelta en Tamaulipas.

Luego de la exitosa obra realizada en el estado de Nuevo León, donde fue posible el establecimiento de dos iglesias para la gloria de Dios, era momento de hacer un alto en el camino, reflexionar ante lo realizado y ver si la voluntad de Jehová conduciría nuestros pasos hacia la realización de más obras de evangelización o si nos encomendaría alguna otra manera de servirle.

La respuesta no tardó en llegar, desde una colonia popular de la ciudad de Reynosa, llegó la invitación (o más bien la petición) de apoyar en la predicación a un recién formado grupo de colonos que se congregaban debajo de un techo construido con láminas usadas donadas por los mismos residentes del lugar.

Tal como se hiciera en los casos anteriores, el evangelizador quiso acudir al llamado, aunque esta vez le costó un poco más de trabajo convencer a los pastores mayores titulares de la iglesia de San Juan, sobre todo a la pastora quien era la encargada de administrar los fondos utilizados para dichas misiones. Después de un tiempo de negociaciones, finalmente la pastora aceptó, y el evangelizador acudió a la ciudad de Reynosa para apoyar a la pequeña congregación.

La historia se repite, la congregación recibe la palabra de Dios, y acepta a Jesucristo como su salvador; una joven en especial logra reavivar la fe de los congregados, ella había estado practicando la prostitución durante muchos años a pesar de ser una mujer casada, y su vida estaba al borde del precipicio; esa joven había acudido al culto con la esperanza de que le dieran una de las bolsas de despensa que cada semana eran entregadas a los presentes de parte de los miembros de la congregación del Valle de Texas. Al pasar de las semanas, esa joven mostró una mayor participación en los cultos, frecuentemente se le veía entonar los cantos de alabanza con lágrimas en los ojos, el cambio en su actitud y en su vestimenta no pasó desapercibido para los demás, mucho menos para el evangelizador quien durante una de sus participaciones se acercó a la joven mujer, poso sus manos sobre su cabeza y empezó a orar por ella; en un instante ella cayó postrada ante la presencia de Dios, confesando amargamente sus pecados al Señor y pidiendo perdón a su Creador por haberlo ofendido con su conducta durante tanto tiempo.

Es asombroso como Dios puede obrar en los corazones de las personas, mientras el templo se construía, esa joven crecía Espiritualmente día con día, de tal forma que una vez terminada la iglesia, fue precisamente esa mujer quien quedó al frente de la congregación, junto con su marido que al ver su cambio le perdonó sus faltas, y decidió aceptar también a Cristo como su salvador. "La gente que es fiel a los cultos dominicales de la iglesia comunica su deseo de alabar y agradecer a Dios… y de ser confortado y confrontado con la palabra de Dios".

El buen samaritano.

Sustentar los gastos mensuales de la iglesia de San Juan no era tarea fácil, sobre todo si consideramos que además había que sostener o apoyar económicamente a las nuevas iglesias formadas en México y cubrir los gastos de viaje durante las misiones. Para ayudar a sufragar dichos gastos los pastores iniciaron un programa de donaciones voluntarias denominada "el buen samaritano", mediante este programa la iglesia recibía donaciones monetarias y en especie con las que sostenían dichas misiones, entre esas donaciones en especie se encontraba un coche, una van y poco más tarde una motor home o casa rodante, vehículos que eran utilizados como medio de transporte de aquellos que constantemente viajaban a México a evangelizar y a atender a las congregaciones recién formadas. Con las donaciones en efectivo, la iglesia de San Juan podía apoyar a esas congregaciones con materiales para construcción, reparaciones o adiciones a los edificios, también se brindaba otro tipo de apoyos para los miembros de las nuevas iglesias.

Con la bendición de Dios y las generosas aportaciones de la grey de la congregación, la suma de los fondos en la cuenta del buen samaritano era considerable. Ante todo esto cabe mencionar que esta iglesia era una filial de la Iglesia Internacional Santa Pentecostés y como tal debía rendir cuentas al Concilio.[2]

Las malas decisiones provocan divisiones.

El pastor de San Juan convocó a una reunión extraordinaria a todos los maestros y líderes de grupo de la iglesia, mientras cada quien tomaba su lugar en el salón de la reunión, se preguntaban cuál sería el objetivo de la misma puesto que nadie sabía para que habían sido convocados.

Por fin aparece el pastor, quien con una notable seriedad da la bienvenida a los asistentes, y procede a informar el motivo de la reunión: después de pensarlo y discutirlo con los miembros de su familia, tomo la decisión de renunciar a la afiliación de la IISP para convertirse en una iglesia independiente. Por fin lo dijo, después del anuncio reinó un pesado silencio en el salón, luego de unos minutos, los maestros y líderes comenzaron a cuestionar al pastor sobre las razones que lo hicieron tomar esa decisión tan drástica y sobre todo sin consultarlo con los miembros de la iglesia. La discusión comenzó a subir de tono, los presentes pedían una explicación satisfactoria mientras el pastor alegaba tener el derecho y la autonomía suficientes como para tomar las decisiones que el considerara más pertinentes o convenientes para su iglesia; los ánimos se caldearon a tal grado, que el pastor tomó otra drástica decisión al decir: "pues lo hecho, hecho esta, aquellos que estén de acuerdo conmigo, colóquense a mi derecha, para los que no… a sus espaldas hay dos puertas [dijo señalando hacia la salida] las dos están lo bastante anchas para dejar salir a todo aquel que así lo desee".

Silencio absoluto, pero esta vez no estaba cargado solo de sorpresa, sino también de dolor e indignación por la actitud de aquel a quien en un momento dado fue considerado como un maestro ejemplar en cuanto al amor al prójimo, el celo por la predicación de la palabra de Dios y el enorme deseo de ayudar a los demás. Uno a uno se fueron poniendo de pie, aquellos que se sintieron traicionados por la actitud arrogante del pastor, y aceptando su invitación, salieron por ambas puertas, las mismas puertas anchas y abiertas que un momento antes el pastor les había señalado.

Como suele decir una de mis colaboradoras: "las malas decisiones provocan divisiones". No pretendo aseverar que la decisión del pastor fue mala, él tendría sus razones, pero si considero que la forma en que lo hizo no fue la más acertada, y mucho menos la postura que tomo para defenderla. Debido a la vanidad propia del ser humano, "los lideres enfrentan el peligro de dejarse llevar por su propia importancia". No puedo aseverar que eso fue exactamente lo que sucedió con nuestro pastor, lo que sí puedo afirmar es que su acción efectivamente provocó una división en la iglesia, más de la mitad de sus líderes y maestros renunciaron a sus puestos y buscaron otro lugar donde congregarse, el pastor se quedó con los que lo apoyaron a pesar de todo pero ahora había que afrontar las consecuencias de sus acciones.

Luego de esa reunión donde varios de maestros decidieron separarse de la congregación, se informó de la situación al obispo del Concilio de la IISP, este hombre de Dios tomo nota de lo acontecido pero como representante del Concilio hizo acorde de discreción y omitió cualquier comentario respecto a lo que procedería después de esto.

Nunca supimos que fue lo que sucedió después entre el pastor y el Concilio de la IISP solo que después de un tiempo, este decidió continuar afiliado al Concilio. Sin embargo lo que sí se sabe es que el número de miembros disminuyó considerablemente y con el retiro de los principales patrocinadores del programa "el buen samaritano" las misiones a México tuvieron que ser canceladas.

La última obra.

A pesar de todo el evangelista no perdió el ánimo e intentó continuar con su obra ahora en Rio Bravo, una pequeña ciudad ubicada al este de Reynosa, sin embargo, la construcción de una nueva iglesia en ese lugar no resultó tan fácil debido a la escasez de fondos en la cuenta del buen samaritano; con todo y eso, la obra se realizó. Tomó mucho más tiempo del planeado y fue necesario vender la camioneta y el motor home para obtener un poco de liquidez, pero con el apoyo de la población, de otras iglesias y de lo poco que quedaba en las arcas del programa, la iglesia se construyó. Sin embargo, poco tiempo después de terminado el edificio, una serie de acontecimientos convertiría a la iglesia de Rio Bravo en la última obra realizada hasta el día de hoy por ese grupo de misioneros que con tanto entusiasmo emprendió una vez una travesía con el único deseo de ensalzar el nombre de Dios mediante la predicación de su palabra a todo aquel que lo necesitaba.

El declive.

Tal como mencioné en el párrafo anterior una serie de acontecimientos fueron llevando al declive la obra de evangelización y levantamiento de obras en México por parte de la iglesia de San Juan.

Primero. La sorpresiva decisión del pastor de independizarse de la afiliación con la IISP sin consultarlo con la grey de su congregación, provocando así la separación de un número considerable de sus ministros.

Segundo. A consecuencia de lo anterior, los fondos del programa "el buen samaritano" se vieron irremediablemente afectados ya que entre el grupo de ministros separados de la iglesia se encontraban los principales patrocinadores de dicho programa.

Tercero. Desafortunadamente la pastora quien era la encargada y principal promotora del tuvo que dejar el cargo, y después de eso nadie tomó su puesto para dar continuidad a dicho programa.

Además de esos acontecimientos hubo muchos otros que implicaban a los pastores dejados a cargo de las obras levantadas en México, por ejemplo en el caso de una de las obras levantadas en el municipio de La Pesca en Tamaulipas donde el pastor cometió adulterio con la esposa de uno de los miembros de la congregación lo cual causó gran controversia y por ende la iglesia tuvo que cerrar sus puertas. En el caso de Rio Bravo, la pareja pastoral tuvo graves conflictos de hecho tras algunas averiguaciones se supo que habían intentado vender la propiedad donde estaba construida la iglesia ya que el terreno había sido registrado a nombre de la familia del pastor y no de la organización religiosa. En algunos otros casos, el reporte dado por la iglesia de San Juan solo se limitaba a decir que tal obra "había caído" sin mayores explicaciones.

Luego de algunos años, su servidora tuvo oportunidad de platicar con algunos de los miembros del grupo original de misioneros y ministros de la iglesia, ahí salió a relucir que entre las causas de la caída de las obras estaba el retiro del apoyo económico por parte de la iglesia de San Juan, y quizás también la falta de guía Espiritual. Pues con el recorte de fondos, ya no fue posible seguir visitando las iglesias fundadas para continuar capacitando a sus pastores que en su mayoría eran personas sencillas y en algunos casos poco letradas que habían sido dejadas a cargo más por su disposición y amor a Dios que por su amplio conocimiento bíblico. Una vez más salía a relucir la falta de un apoyo didáctico de tipo ético-cristiano que tal vez hubiera podido servir de guía para esos pastores "empíricos".

Conclusión.

Como se puede observar, el hecho de llevar muchos años al servicio de Dios no garantiza que siempre vamos a actuar sabiamente, por eso debemos estar siempre alertas, orando en todo momento solicitando y confiando en la guía de Dios nuestro señor y no dejarnos llevar por los deseos de nuestro corazón (Proverbios 3:5) porque solo Él sabe cuál es el camino que más nos conviene (Jeremías 10:23). La humildad siempre ha sido la clave para recibir la guía de Dios, dice Henry Webb: "Jesús no buscó exaltarse a sí mismo. La exaltación podía solamente serle dada por Dios en respuesta a su acto de humildad".[4] Mientras la obediencia, es la clave para recibir su bendición.

Nuestro padre celestial le mostró un camino a ese pastor y el con ahínco lo recorrió por un tiempo. Sin embargo, con el pasar de los años, un deseo de autonomía fue anidando en su corazón desviándolo, del camino que Dios le había trazado para llevar su mensaje a otros lugares. Desafortunadamente, en el proceso no solo resultaron afectadas las congregaciones que dejaron de recibir el apoyo de la iglesia de San Juan, sino también los proyectos que estaban planeados para un futuro próximo.

En el recuento de los daños, aquellas iglesias que tenían menos tiempo de haberse formado, fueron las más perjudicadas, pues eran las que más ayuda necesitaban, tanto financiera como Espiritualmente, pues como se mencionó antes, algunos de los pastores necesitaban de material didáctico que les ayudara a seguir ministrando la palabra de Dios. Y les proporcionara en conocimiento necesario para seguir adelante en forma autónoma. Pero, "no se puede promover el reino de Dios en la sociedad humana sin que lo promovamos en nuestra propia vida y en el corazón de cada uno".[5]

Lamentablemente, con todo lo sucedido ya no fue posible trabajar en ese proyecto de preparación pastoral. Y esa es en gran parte una de las principales motivaciones de esta autora en la elaboración de este documento, poder proporcionar un apoyo en materia ética-cristiana a los pastores de las iglesias nuevas y ya establecidas que tal vez no tengan una preparación teológica académica que les sirva para guiar a los miembros de sus congregaciones; y con la guía de Dios confío en que lo lograré porque lo considero mi deber como parte del programa de evangelización que fue iniciado, porque "…la evangelización es un deber ético"[6]

EL MINISTERIO EN MEXICO

CAPÍTULO IV

EL MINISTERIO EN LAS PRISIONES
Un sueño truncado.

Un grupo de personas camina sigilosamente entre los sembradíos de caña de la región, lucen cansados, hambrientos y temerosos de ser descubiertos, han estado viajando durante muchos días, han atravesado muchas ciudades, muchos estados e incluso, varios países para llegar hasta aquí; ahora, después de tantos días de sueños, de miedo, de incertidumbre, acaban de cruzar las traicioneras aguas del Río Bravo, o Rio Grande, como se le conoce del lado americano. Finalmente están en suelo estadounidense, la tierra de las oportunidades. Mientras siguen caminando, ven su sueño cada vez más cerca, Juan sueña con conseguir un buen empleo, que le permita reunir el dinero suficiente para mandar traer a su esposa y sus dos hijos desde Nicaragua; Joel se siente aliviado de haber podido escapar de la terrible situación que se está viviendo en el estado mexicano de Michoacán, por fin podrá vivir tranquilo, lejos de la violencia, la extorsión, las amenazas de muerte; Virginia y su hijo Juan Carlos, vienen desde El Salvador, su esposo Damián los espera en Chicago, tiene muchas ganas de verlo, han pasado casi tres años desde que él se vino a buscar una vida mejor para su familia…

Por fin llegan al lugar indicado, los "coyotes" les indican que suban rápido a una camioneta, deben apresurarse, el vehículo no se detendrá por completo y el que no logre subir, será dejado a su suerte, en cuestión de segundos todos suben a bordo y la camioneta se incorpora a la carretera, dos millas más adelante, la patrulla fronteriza les indica que se detengan. El chofer pisa a fondo el acelerador y los inmigrantes se aferran a su fe, rogando a Dios para que los libere del peligro, han sufrido mucho para llegar hasta aquí… no pueden dejarse atrapar nada más así… finalmente, la patrulla alcanza al vehículo con una maniobra para lograr que se detenga, este da varios giros antes de volcarse y chocar contra un muro de contención de la carretera. Se acabó. El sueño que impulso a esos inmigrantes a seguir su camino, ha sido truncado, Juan esta terriblemente lastimado, por lo que será llevado al hospital, luego encarcelado y finalmente deportado a su país de origen, Joel, quien por un momento se sintió aliviado de dejar atrás las amenazas continuas de los miembros del crimen organizado que tiene secuestrado a su estado, salió disparado del vehículo y murió instantáneamente, en cuanto a Virginia y su hijo, han sido detenidos por la patrulla fronteriza, y deberán esperar la orden de deportación detrás de las rejas. El sueño americano de todos ellos, se vio truncado en un instante.

Esta historia es solo un ejemplo de las miles de ellas que a diario se viven en la frontera de Estados Unidos, historias de personas que deciden dejar atrás a su país, su casa, sus amigos, su familia, su vida, para buscar mejores oportunidades, y terminan encarcelados en sus propios sueños, prisioneros de sus grandes pecados: la pobreza, el miedo, el amor, el hambre. Para la gran mayoría, el sueño terminó, y a veces se llega a convertir en una pesadilla. Grande es el número de aquellos que pierden la esperanza, pequeño, pero efectivo, es el número de los que siguen confiando en el amor y la misericordia de Dios y mediante sus ruegos es que Jehová toca los corazones de personas que le sirven, para que acudan en auxilio de aquellos que tras ver cortados de tajo sus anhelos, ahora se encuentran tras las rejas de la desilusión, y solo conservan la esperanza de sentir que Dios mismo está a su lado, que no los ha olvidado, que los sigue amando.

Una misión que cumplir.

Pedro y Laura, son una pareja de esposos que llevan ya muchos años al servicio del señor. Son una pareja sencilla, emprendedora, con muchas ganas de trabajar y de ayudar a su prójimo que, no con poco esfuerzo, paso a paso han ido guiando a su congregación hacia una misión de caridad, bondad y misericordia hacia los demás.

El pastor Pedro, al igual que la gran mayoría de los habitantes de la región, proviene de una familia de inmigrantes, personas humildes pero muy trabajadoras; hace algunos años, el pastor tuvo algunos problemas con ICE (Servicio de Inmigración y Control de Aduanas de los Estados Unidos) y fue a raíz de ese evento que junto a su esposa tomó la decisión de ayudar a los inmigrantes detenidos por esa agencia y que han tenido que permanecer en la cárcel por falta de asesoramiento adecuado y de una mano amiga que les apoye y acompañe en el proceso. Así, desde el año 2010, la pareja ha servido al Creador mediante el servicio a los prisioneros del país, enfocándose principalmente en los inmigrantes, pero sirviendo también a todo aquel que solicite su ayuda.

Por un tiempo considerable han visitado a una gran cantidad de personas presas en las diferentes cárceles del estado de Texas, han conocido sus historias, les han ministrado devolviéndole a más de uno la esperanza en un Dios bondadoso que perdona al arrepentido de corazón; también han proporcionado su ayuda para conseguir asesoría legal y se tomaron muy en serio el compromiso de acompañar a cada uno de ellos (dentro de sus posibilidades) durante su proceso, cuando ha sido necesario, han fungido como emisarios entre los prisioneros y sus familias a través de cartas que estos escribían y los pastores hacían llegar a sus seres queridos. El trabajo ha sido arduo, sobre todo con el sistema judicial que manda el traslado constante de los prisioneros a las diferentes cárceles del estado o del país, un sistema de monitoreo constante permite a la pareja localizar al detenido en su nueva ubicación y seguir brindándole el ministerio y la ayuda que lo complementa. Además de todo lo ya mencionado, en caso de que alguno de los presos tuviera que ser deportado, ellos se han encargado de asegurarse de que haya algún familiar del otro lado de la frontera que reciba al indocumentado, esto para evitar que sea víctima de la delincuencia que solo busca aprovecharse de los pobres inmigrantes. Y en caso de no localizar a algún familiar o conocido para que lo reciba, ellos mismos se encargan de recibirlo y llevarlo alguna casa del inmigrante o a alguna fundación donde puedan refugiarse mientras encuentran la forma de regresar a casa.

El proyecto da inicio.

Una vez tomada la decisión de ayudar a las personas que se encuentran detenidas por las autoridades americanas pusieron manos a la obra. Comenzaron acudiendo a los precintos para solicitar los permisos pertinentes y así poder entrar a ministrar la palabra de Dios a todo aquel prisionero que deseara escuchar. Poco a poco, se fueron dando a conocer entre los reclusos y se fueron ganando su confianza; algunos de los internos comenzaron a escribirle a los pastores, pidiendo que oraran por ellos, acompañándolos en su angustia mientras clamaban por ayuda al Todopoderoso (Salmos 18:6). Algunos otros comenzaron a entregarles cartas para que los pastores se las hicieran llegar a sus familiares, luego los familiares las contestaban y estos se las llevaban a los prisioneros, así dio inicio el programa de unificación familiar a los prisioneros mediante correspondencia.

El grupo de voluntarios crece.

Al ver el esfuerzo que con gran entusiasmo realizaban los pastores para llevar a cabo su labor, algunos miembros de la congregación se unieron a ellos para ayudar con el ministerio; así fue posible conseguir la forma de proporcionar a los reclusos una biblia para que estudiaran la palabra de Dios, una dotación periódica de ropa, calzado, algunos artículos de higiene y de papelería (tales como papel, sobres, plumas y estampillas) para que siempre tuvieran a la mano la facilidad de escribirle a sus familias.

La mies es mucha, pero los obreros pocos.

El ministerio continua, algunos prisioneros que eran trasladados a otros precintos mantenían la comunicación con la iglesia, y además le hablaban del ministerio a otros prisioneros por lo que el número de cartas aumentaba día con día. Al ver que el número de cartas era cada vez mayor y el campo de trabajo (el número de las cárceles) crecía más y más, los pastores se vieron en la necesidad de pedir ayuda; pues tal como dijo nuestro Salvador: "A la verdad la mies es mucha, más los obreros pocos.

Rogad, pues, al Señor de la mies, que envíe obreros a su mies". (Mateo 9:37,38). Los pastores necesitaban más personas que estuvieran dispuestas ayudar con el ministerio de las cárceles, personas que se comprometieran de corazón para llevar a los prisioneros un mensaje de fe y esperanza que a la postre significaría la diferencia entre un futuro mejor dedicado al servicio del Señor o uno incierto donde solo había oscuridad y desconsuelo. Ya que "el arrepentimiento es efectuado solamente por la palabra, por la predicación de ella. Como cristianos nuestra tarea ética es la de llevar esa palabra a todo el mundo" y "todo el mundo"[1] incluye a los prisioneros, pues de acuerdo a mi experiencia en ese ministerio, pude comprobar que muchos de los ahí reclusos se sienten solos, desamparados, con miedo, cual ovejas sin pastor (Mateo 9:36).

Se forman los grupos de ministros.

Al ver la necesidad, Jehová respondió a la petición de los pastores de enviar "obreros a su mies", algunos miembros de la iglesia se unieron al ministerio formando grupos, que serían supervisados por un líder. El territorio era grande los campos ya estaban blancos para la siega (Juan 4:35), había que trazar un plan, era necesario organizarse de tal manera que se pudiera brindar al prisionero una asistencia integral, cubriendo dentro de lo posible, sus necesidades humanas y Espirituales. Para ello, era necesario tomar cada caso en forma individual.

Los grupos se organizaron, unos se concentraron en las visitas de evangelización a los recintos mientras otros se dedicaban a repartir tratados entre los visitantes; otros más se dividieron en grupos para leer y contestar la correspondencia a los presos, enviándoles un mensaje de forma más personalizada para cada preso de acuerdo a su caso (en un principio se redactaba una carta que llevaba el mismo mensaje para todos los prisioneros, lo cual cumplía con llevar el mensaje de fe pero resultaba un tanto impersonalizada). Una vez leída la carta, se remarcaban los puntos más sobresalientes de su caso, dando respuesta de acuerdo a su petición, en muchas ocasiones los internos pedían que por medio de esa carta se localizara a sus familiares para lo cual el agregaba datos como nombres, números telefónicos, etc. Para ello fue necesario contratar una línea para hacer llamadas internacionales a fin de comunicarse con los familiares que radicaban en otros países de Latinoamérica.

A cada preso se le hacía un expediente individual, mediante el cual se le daba seguimiento durante todo su proceso. Con su número de interno se monitoreaba a cada uno de los prisioneros que formaba parte de su ministerio. Ese monitoreo se llevaba a cabo periódicamente, si al realizar dicho monitoreo se detectaba un traslado a otro recinto, el grupo de ministros buscaba la forma de mantenerse el contacto hasta dondequiera que lo hubiesen llevado para continuar ministrándole.

La semilla sembrada estaba dando frutos.
El principal objetivo de los pastores y de los grupos de apoyo del ministerio era brindar ayuda Espiritual a los reclusos, cada quien tenía su propio grupo de presos a los cuales se les escribía, se les ponía en contacto con sus familiares y se les acompañaba durante todo su proceso pero, para honra de Dios, la palabra sembrada en ellos también alcanzaba a los familiares que al ver el amor desinteresado que estas personas les brindan a sus seres queridos, terminaban por abrazar también la verdad en Cristo nuestro señor. "el creyente desea ser santo por amor al Salvador y no por temor al castigo"[2] leí en una ocasión y en este caso esa frase se estaba haciendo realidad, lo cual llenaba a ese grupo de personas de una inmensa alegría y de nuevos bríos para seguir adelante con la labor que Dios les había encomendado.

Cada jueves los grupos se reunían y rendían un informe a su líder de cada labor realizada, este a su vez pasaba el reporte a los pastores para que cada domingo durante al terminar el culto informaran a la congregación de los avances del ministerio. El trabajo era arduo, pero se realizaba con todo el corazón.

Un testimonio conmovedor.

Al entrevistar a una de las participantes del ministerio sobre su experiencia en esos grupos que ministraban a los presos mi corazón sintió que era necesario que más iglesias adoptaran esa tarea para ayudar en la siega de almas para el señor cuando ella mencionó con gran añoranza: "para mí, participar en el ministerio era una pasión de servicio que se había arraigado fuertemente en mi corazón, el ir a las cárceles del estado, hablar con los presos y ser testigo de muchos reencuentros con sus familiares, pero sobretodo con Dios, era algo que llenaba mi vida, a raíz de ese ministerio incluso llegue a hacer muy buenas amistades entre los familiares de los reclusos, de hecho aún mantengo contacto con algunos de ellos".

Como podemos ver el ministerio no solo estaba beneficiado a los prisioneros y a sus familias, también estaba siendo de bendición para los que en el participaban; dando un nuevo sentido de servicio y en algunas ocasiones cambiando su forma de pensar, "antes de participar en el ministerio yo era una persona con prejuicios acerca de las personas que estaban presas, -continua diciendo mi entrevistada- creía que si estaban ahí encerrados era porque la perversidad de sus corazones los había llevado a convertirse en criminales, y debían pagar su condena, ahora me doy cuenta de que las circunstancias de cada preso son muy distintas, y que detrás de cada número de reo hay una historia de dolor, desesperanza y angustia. A partir de esa certeza, comencé a ver cada caso como si se tratara de un familiar mío poniendo todo mi esfuerzo y todo en mi corazón en transmitir a cada persona que me escribía el mensaje de esperanza que Jesucristo nos dejó mediante su sacrificio de amor".

Efectivamente, para llevar a cabo este ministerio es indispensable poner todo su esfuerzo y todo el corazón porque definitivamente no es una tarea fácil, muchas veces resulta muy difícil desprenderse de los problemas de los reclusos, no pocas veces nos sorprendíamos distraídos en nuestras actividades diarias pensando en cómo ayudar a tal o cual prisionero. Además no todos los familiares veían con agrado el ministerio ni las visitas a sus familiares presos, de hecho esta participante recuerda: "en una ocasión mientras repartía tratados en la entrada de un precinto, una mujer comenzó a insultarme y a decir a su acompañante que tirara esa cosa (refiriéndose al tratado que un minuto antes yo le había entregado), y advirtiéndome que a ella ni siquiera me le acercara. Cosas como esas podrían desanimar a quien no está Espiritualmente preparado para lidiar con los lobos (Mateo 10:16) en estos casos debemos actuar con prudencia y humildad".

El programa de radio.

Como parte de su ministerio, el matrimonio emite un programa de radio mediante el cual además de los radioescuchas frecuentes, los prisioneros reciben la palabra de Dios y con ella la oportunidad de ser escuchados por familiares. Algunas de las personas detenidas realizan llamadas al programa de radio, exponiendo al aire su situación y pidiendo la colaboración de los ministros para recibir estudio bíblico, visitas en la prisión o para comunicarse con sus familiares, peticiones que la iglesia cumple en la medida de sus posibilidades. Es mediante este programa que muchas personas reciben información sobre familiares que daban por perdidos y que en realidad estaban presos, también es mediante esta emisión que los presos han tenido la oportunidad de comunicarse con su familia desde sus países de origen.

Las reglas cambiaron.

Tristemente, después de algún tiempo, las autoridades decidieron negar a los ministros la libertad de servir como emisores de noticias entre los presos y sus familiares, alegando que era por cuestiones de seguridad. Lamentablemente ya no iba a ser posible seguir ayudando a los prisioneros, de la manera en que lo habían venido haciendo; en adelante solo tenían dos opciones: podrían entrar a ministrarles la palabra de Dios pero no se les permitiría traer y llevar sus cartas ni tener contacto personal con los internos o dejar de visitarlos pero seguir en contacto mediante el programa de radio y por correspondencia pudiendo así continuar conectándolos con sus familiares, no había mucho que pensar, lo más conveniente para los prisioneros era la segunda opción y así se decidió.

Como medida alternativa han tenido que ministrar mediante su programa de radio, recuerdo que antes se nos permitía proporcionar a los detenidos pequeños radios de transistores fabricados con material transparente que perimía ver su interior. Mediante esos radios ahora escuchan la palabra, y los que pueden se comunican con nosotros, ahora solo aquellos que lo solicitan, pueden ser visitados por nosotros, pero solo se podía hablar con ellos a través del cristal de una ventana, sin ninguna posibilidad de establecer contacto con sus familias, pero mediante el programa radial siguen teniendo oportunidad de comunicarse con sus seres queridos. Lo cual resulta una gran bendición.

Algunas de sus historias.

Como se reseñó al principio de este capítulo, cada persona tras los barrotes tiene su propia historia, a continuación me gustaría compartir un poco de aquellas historias que han marcado las vidas de esas personas, de sus familias y de nosotros mismos al decidir formar parte de ellas, por razones obvias, sus nombres serán omitidos, en adelante se les llamara como el preso número 1, preso número 2, etc.

Preso número 1.

Nacido en Reynosa, cruzo ilegalmente el rio Bravo en brazos de sus padres con apenas cuatro meses de edad, una vez en Estados Unidos se trasladaron a la ciudad de Houston donde se establecieron, a los 38 años de edad es detenido por las autoridades tras una persecución que termino con una fatalidad, la muerte de uno de sus acompañantes, los cargos: transportación ilegal de inmigrantes, resistencia al arresto y la muerte de uno de los transportados. Al verse tras las rejas la desesperación lo llevó a intentar quitarse la vida lo cual por alguna razón no lo pudo lograr. Esta persona es una de las muchas que los grupos de ministros visitaron, hablándole del amor de Dios y de su infinita misericordia, y de cómo su palabra cobra vida en aquellos que tienen el corazón quebrantado por el arrepentimiento, con el tiempo esa palabra de vida obro en su corazón, y a pesar de que aún está pagando su deuda con la autoridad terrenal, la celestial le ha dado la esperanza de su reivindicación, como bono adicional ha recuperado el amor de su esposa y de sus hijos que se habían distanciado de él después de lo sucedido. Ahora, él y su familia alaban al Altísimo y dan gloria al Creador.

Preso número 2.

Otro de los prisioneros apoyados por la pareja de pastores y su equipo de ministros, este hombre fue detenido por vivir ilegalmente en este país, por formar parte de los once millones de indocumentados que viven actualmente en los Estados Unidos, al igual que con el prisionero número 1, se le proporciono toda la ayuda posible, ministrándole primeramente la palabra de Dios, y luego, con la ayuda del ministerio de asesoría a legal proporcionada por una iglesia metodista del Valle de Texas, se le acompaño durante su proceso, colaborando con su abogado, acompañándolo durante sus audiencias con el juez, apoyándolo en su propio proceso de fortalecimiento de fe; este es uno de los casos que más me emociona porque, finalmente y para la gloria de Dios, esta persona abrazo el evangelio de todo corazón y lo hizo de tal forma que ahora es ministro de Dios y pastorea su propio rebaño.

Preso número 3.

En otros casos como este que les voy a mencionar aún no se da ese final feliz, este hombre llego hace varios años de Honduras, con gran esfuerzo ahorraba cada dólar que podía para depositarlo en una cuenta en su país de origen con la intención de reunir lo suficiente como para regresar a su hogar con su familia teniendo la posibilidad de poner algún negocio que le diera lo suficiente para salir adelante junto a su esposa e hijos. Por desgracia ese hombre es detenido por inmigración, y ha estado preso por un tiempo ya, pero la determinación de ese hombre seguía en pie, desde la prisión comenzó a vender estampillas religiosas, calcetines y cuanta cosa le fuera posible para seguir reuniendo dinero, de hecho, su laboriosidad fue tal que luego de un tiempo, pudo establecer su propia tiendita dentro de la cárcel. Pero las cosas no eran todo miel sobre hojuelas, al parecer su esposa se cansó de esperarlo y decidió abandonarlo, echando por tierra los planes de este hombre de regresar, construir una casa para ella y sus hijos y el negocio que les diera el sustento. Por si fuera poco, el dinero que tenía en su cuenta de ahorros no lo podía tomar hasta que fuera él personalmente al banco a retirar esos fondos, por lo que no podía utilizarlo para pagar a un abogado.

Gracias al ministerio, ese hombre recuperó la fe, ahora sirve al Señor, sigue siendo un hombre muy trabajador pero ahora sus ganancias las utiliza para apoyar al ministerio de las cárceles que al igual que a él le llevan un mensaje de esperanza a los que por diversas situaciones y circunstancias han tenido que permanecer entre las rejas.

Preso número 4.

Para el preso número cuatro, el programa de radio le dio la oportunidad de volver a contactar a su familia, este hombre llevaba ya poco más de un año preso y al no saber nada de él durante todo ese tiempo, su familia lo daba por desaparecido, un día este hombre llamó a la emisora para pedir ayuda para contactar a su familia, por ese medio proporcionó a los pastores y grupo de ministros sus todos sus datos, y para la gloria del Dios todopoderoso entró en ese momento otra llamada, ¡eran los familiares del recluso! Que estaban escuchando el programa y se dieron cuenta que se trataba de su ser querido, al que habían dado por desaparecido por más de un año. Imagine estimado lector que felicidad para esa familia saber que él estaba vivo, y estaba bien (dentro de lo que cabía, por supuesto). Pero la gracia del Creador fue aún más allá, otorgándole la libertad tres meses después de aquella llamada que marco el reencuentro familiar. ¡Aleluya! ¡Gloria a Dios por su infinita bondad y misericordia!

Preso número 5.

En este caso, se trata de una mujer centroamericana, la cual había emprendido el viaje junto a su familia hacia los Estados Unidos, una vez en México, debían abordar clandestinamente en un tren de carga que viaja de sur a norte el cual es conocido entre los inmigrantes como "la bestia". Al darse cuenta esta mujer que debía abordarlo mientras este estaba en movimiento, se paralizo de miedo, por más que lo intentaba no podía decidirse a subir en esa bestia que poco a poco iba ganando velocidad; al ver que estaba a punto de quedarse (y de hacer que los demás perdieran la oportunidad de abordar) un grupo de hombres la levantaron y la arrojaron al vagón, quizás por la sorpresa, quizás por el miedo que la tenía paralizada, no logró asirse bien del vagón, por lo que perdió el equilibrio y cayó. Sus piernas quedaron debajo de las ruedas del tren, la bestia le había arrancado las piernas.

Luego de pasar mucho tiempo en un hospital mexicano, su familia logró cruzar la frontera con ella, pero para su desgracia, la patrulla fronteriza la atrapó. Mientras estaba en la cárcel esta mujer se aferró a Dios y Jehová no apartó su rostro de su angustia. Por su gran misericordia esa mujer salió libre, y a pesar de haber sido aprehendida por entrar ilegalmente al país, no la deportaron, ¡no la deportaron! ¡¿Pudo eso haber sido posible de no ser por la gracia de Dios?!!

El pastor prisionero.

En este caso no quise ponerlo como el preso número 6, ya que su caso merece esta deferencia. Este hombre escribió al ministerio pidiendo que oraran por él y su familia, ya que por esas circunstancias de la vida, que a veces nos ponen en el lugar y el momento equivocados ahora estaba en prisión. Resulta que un día mientras realizaba unos trabajos de reparación en el patio trasero de su casa, escucho un rechinar de llantas seguido de un golpe seco, al salir al frente de su casa a ver qué había sucedido, se dio cuenta de que su hijo estaba tirado en el suelo y junto a él se encontraba el hombre del coche que lo había atropellado. El pastor no ahonda en los detalles, pero menciona que en un momento dado se enfrascó en una discusión con el hombre que atropelló a su hijo, el hombre se puso tan violento que comenzó a agredir físicamente al pastor, de tal forma que en un momento dado el pastor hubo de utilizar la herramienta que traía en sus manos (con la que estaba trabajando en su casa) para defender su vida. Durante el juicio no fue posible comprobar la defensa propia y el pastor fue acusado de apuñalar al otro hombre, por lo que debía pagar la condena que se le dio.

Así como esas personas ha habido muchas otras, personas que han sido encarceladas por diferentes causas, en momentos, lugares y tiempos distintos, pero con un denominador común, ser inmigrantes, algunos con su proceso de legalización terminado, otros sin esperanzas siquiera de arreglar su estatus legal, unos acusados de lavado de dinero, otro de prostitución de menores, y muchos más acusados por el delito de entrar a este país ilegalmente en busca de mejores oportunidades de las que se tienen en su país de origen. Pero todos ellos necesitados de una mano amiga, de alguien que les brinde su apoyo sin prejuicios ni reproches, alguien que les mostrara de nuevo el camino que por causa de las circunstancias y/o el resultado de sus malas decisiones los habían llevado al lugar en donde estaban.

El ocaso del ministerio.

Tal como en el caso de las misiones evangélicas en México, el ministerio de las cárceles sufrió su propio tropiezo. De acuerdo al testimonio de algunos de los miembros de la congregación que participaban activamente en ese ministerio, la falta de humildad pudo ser uno de los factores que pudieron haber agrietado la estructura ministerial. De acuerdo a dichos testimonios, la actitud de los pastores provocó algunas diferencias entre los miembros de la congregación que terminaron por desertar del ministerio. "La iglesia tiene una función maravillosa – dice Hormachea – sus líderes tienen una tares hermosa y difícil que cuando es descuidada permite errores por ignorancia"[3]

Por otro lado, un dejo de desconfianza comenzó a crecer entre el grupo de ministros que recibía y enviaba la correspondencia con los prisioneros. De acuerdo a testimonios recabados, sin dar una razón, el pastor comenzó a retener algunas de las cartas que los prisioneros enviaban a los ministros y cuando decidía entregar las cartas a estos, las misivas ya venían abiertas (y obviamente previamente leídas por el). Después de varios episodios de confiscación y revisión de la correspondencia los miembros del ministerio encargados de esta le preguntaron a qué se debía eso, a lo que el pastor respondió que era al indebido contacto de índole "personal" que algunas de las participantes estaba sosteniendo con algunos de los reclusos. Al parecer, el pastor tomó el hecho de escribir cartas personalizadas como algo más íntimo y por ello estaba dispuesto a confiscar cada carta que tuviera el más leve indicio de una relación más allá de lo meramente Espiritual.

Después de ese y otros incidentes su servidora decidió retirarse de esa congregación, sin embargo, hoy en día doy gracias a mi Señor, por la vida llena de bendiciones que me ha tocado vivir, y por la oportunidad tan grande que me dio en su momento de ser parte de ese equipo de personas asignadas por él como instrumento de fe y apoyo Espiritual para aquellos que han tenido la desgracia de caer prisioneros, ya sea por perseguir sus sueños de una vida mejor, o como consecuencia de sus malas decisiones en la vida. Sea cual fuere la causa, considero que nuestro deber como cristianos es brindar siempre nuestro apoyo a:

- Todo aquel que muestra arrepentimiento de corazón por los actos cometidos en el pasado.

- Todo aquel que ha caído en desgracia no por tomar las decisiones incorrectas, sino por circunstancias que estaban fuera de su alcance evitar.

- Todo aquel que ha sido encarcelado por el único delito de perseguir una vida mejor para su familia.

- Todo aquel que injustamente, por falta de asesoramiento, por ignorancia o injusticias de la vida ha sido declarado culpable de un delito no cometido.

En todo caso, ¿Quiénes somos nosotros para juzgar a nuestro prójimo? ¿Quién de nosotros está libre de pecado como para arrojar la primera piedra en contra de nuestros semejantes? Después de todo, Jesús mismo dijo, "...no he venido a llamar a justos, sino a pecadores" (Marcos 2:17).

Sigamos pues buscando la forma de ayudar al necesitado, sin olvidar que "el Espíritu Santo dirige la obra de Dios",[4] él es quien decide a donde y cuando ir, aun cuando nuestra intención sea llevar el ministerio hacia un lugar específico, el Espíritu de Dios puede llevarnos hacia otro muy distinto, pero donde seguro se verá un mayor resultado.

No nos rindamos, sigamos confiando en su guía porque "Cuando el Hijo del Hombre venga en su gloria, y todos los santos ángeles con él, entonces se sentará en su trono de gloria, y serán reunidas delante de él todas las naciones; y apartará los unos de los otros, como aparta el pastor las ovejas de los cabritos. Y pondrá las ovejas a su derecha, y los cabritos a su izquierda. **Entonces el Rey dirá a los de su derecha: Venid, benditos de mi Padre, heredad el reino preparado para vosotros desde la fundación del mundo. Porque tuve hambre, y me disteis de comer; tuve sed, y me disteis de beber; fui forastero, y me recogisteis; estuve desnudo, y me cubristeis; enfermo, y me visitasteis; en la cárcel, y vinisteis a mí.** Entonces los justos le responderán diciendo: Señor, ¿cuándo te vimos hambriento, y te sustentamos, o sediento, y te dimos de beber? ¿Y cuándo te vimos forastero, y te recogimos, o desnudo, y te cubrimos? ¿O cuándo te vimos enfermo, o en la cárcel, y vinimos a ti? **Y respondiendo el Rey, les dirá: De cierto os digo que en cuanto lo hicisteis a uno de estos mis hermanos más pequeños, a mí lo hicisteis".** (Mateo 25:31-40).

¿POR QUÉ DEBEMOS MOSTRAR COMPASIÓN POR AQUELLOS QUE HAN CAÍDO EN DESGRACIA?

----- N U M E R O 1 -----

PORQUE DIOS ES MISERICORDIOSO.

"Porque Jehová oye a los menesterosos, Y no menosprecia a sus prisioneros" **Salmos 69:33**

----- N U M E R O 2 -----

PORQUE JEHOVÁ ESCUCHA CON ATENCIÓN SU CLAMOR

"Los ojos de Jehová están sobre los justos, Y atentos sus oídos al clamor de ellos." **Salmos 34:15**

----- N U M E R O 3 -----

PORQUE JEHOVÁ CONOCE NUESTRAS ANGUSTIAS, NECESIDADES Y SUFRIMIENTOS

"Estoy debilitado y molido en gran manera; Gimo a causa de la conmoción de mi corazón. Señor, delante de ti están todos mis deseos, Y mi suspiro no te es oculto. Mi corazón está acongojado, me ha dejado mi vigor, Y aun la luz de mis ojos me falta ya." **Salmos 38:8-10**

----- N U M E R O 4 -----

PORQUE LOS SERES HUMANOS SOMOS VALIOSOS PARA NUESTRO CREADOR

"¿No se venden dos pajarillos por un cuarto? Con todo, ni uno de ellos cae a tierra sin vuestro Padre. Pues aun vuestros cabellos están todos contados. Así que, no temáis; más valéis vosotros que muchos pajarillos." **Mateo 10:29-31**

----- N U M E R O 5 -----

PORQUE EL DIABLO NO DESCANSA EN SU INTENTO POR DERROTAR NUESTRA FE

"Sed sobrios, y velad; porque vuestro adversario el diablo, como león rugiente, anda alrededor buscando a quien devorar;" **1 Pedro 5:8**

----- N U M E R O 6 -----

POR AMOR A NUESTRO PRÓJIMO

"El escarnio ha quebrantado mi corazón, y estoy acongojado. Esperé quien se compadeciese de mí, y no lo hubo; Y [busque] consoladores, y ninguno hallé" **Salmos 69:20**

----- N U M E R O 7 -----

PORQUE JEHOVÁ NO NOS DEJA SOLOS.

"Dios es nuestro amparo y fortaleza, Nuestro pronto auxilio en las tribulaciones." **Salmos 46:1**

----- N U M E R O 8 -----

PORQUE SIEMPRE NOS MUESTRA LA SALIDA A NUESTRAS ANGUSTIAS

"No os ha sobrevenido ninguna tentación que no sea humana; pero fiel es Dios, que no os dejará ser tentados más de lo que podéis resistir, sino que dará también juntamente con la tentación la salida, para que podáis soportar." **1 Corintios 10:13**

----- N U M E R O 9 -----

PORQUE SU AMOR NOS FORTALECE

"No temas, porque yo estoy contigo; no desmayes, porque yo soy tu Dios que te esfuerzo; siempre te ayudaré, siempre te sustentaré con la diestra de mi justicia." **Isaías 41:10**

----- N U M E R O 10 -----

PORQUE NUESTRO SEÑOR NO DESEA VERNOS AFANADOS POR NUESTROS PROBLEMAS. MÁS BIEN QUIERE ALIGERAR LA CARGA DE AQUELLOS QUE LE INVOCAN CON UN CORAZÓN SINCERO

"Echa sobre Jehová tu carga, y él te sustentará; No dejará para siempre caído al justo." **Salmos 55:22**

"Por nada estéis afanosos, sino sean conocidas vuestras peticiones delante de Dios en toda oración y ruego, con acción de gracias. Y la paz de Dios, que sobrepasa todo entendimiento, guardará vuestros corazones y vuestros pensamientos en Cristo Jesús." **Filipenses 4:6,7**

"Cercano está Jehová a todos los que le invocan, A todos los que le invocan de veras" **Salmos 145:18**

----- N U M E R O 11 -----

PORQUE JEHOVÁ ASÍ NOS LO ORDENA

"Acordaos de los presos, como si estuvierais presos juntamente con ellos; y de los maltratados, como que también vosotros mismos estáis en el cuerpo." **Hebreos 13:3**

CAPÍTULO V

LA ACTIVIDAD MINISTERIAL INDEPENDIENTE EN EL VALLE DEL SUR DE TEXAS

A través de los años he tenido la oportunidad de visitar muchas iglesias, chicas y grandes, humildes y solventes, modestas e impresionantemente bellas; pero también he sido testigo de la lucha diaria que tanto pastores como colaboradores ministeriales han tenido que librar para llevar a cabo la nada fácil tarea de pastorear al rebaño de Dios. Un rebaño que no está de más mencionar, es muy diverso debido al origen tan variado de sus habitantes. Pero para comprender mejor el tipo de ministerio que se lleva a cabo en esta región, es preciso conocer la comunidad que conforma al Valle del Sur de Texas.

La comunidad que conforma el valle del sur de Texas.

En el extremo sur del estado de Texas, se ubica un lugar conocido como El Valle del Rio Grande, o el Valle del Sur de Texas. Región prospera para la agricultura, la actividad comercial e industrial debido a su estratégica localización en la cual comparte frontera con el norte del estado mexicano de Tamaulipas.

En esa pequeña, pero por demás atractiva región, florece una rica mezcla de culturas formada tanto por los anglosajones y comunidad hispana de la región, como por los inmigrantes que vienen de todas partes a disfrutar de este pedacito de tierra que tanto enamora a los visitantes.

Para los inmigrantes del sur de Canadá y el norte de los Estados Unidos mejor conocidos como "Winter Texans", el Valle del

LA ACTIVIDAD MINISTERIAL INDEPENDIENTE EN EL VALLE DEL SUR DE TEXAS

Sur de Texas representa un cálido oasis para refugiarse del inclemente frio del extremo norte del país.

Para los inmigrantes provenientes de México, Centro y Sudamérica, representa dos cosas: la oportunidad de dar a sus familias un mejor futuro, una ventana que les permite huir de la miseria y la pobreza extrema de aquellos poco favorecidos, y la irresistible oportunidad de hacer negocios para aquellos empresarios, medianos y grandes, que desean ampliar sus horizontes.

Y en medio de todo ese auge de riqueza y pobreza, de necesidad y prosperidad, las iglesias juegan un papel crucial.

De visita por las iglesias pentecostales del valle.

Dentro de ese marco de comunidades conformadas de inmigrantes, surgen asentamientos en colonias apartadas o localizadas en las periferias de los poblados del sur de Texas, y es justo ahí donde encontramos las pequeñas iglesias, solo basta con viajar un poco hacia el norte de la ciudad de Edinburg, TX., para encontrar en medio de una colonia muy apartada, una bella iglesia dirigida por un pastor de origen muy humilde, un pastor que, de acuerdo a sus propias palabras, aún le falta mucho conocimiento de la palabra de Dios, pero que día a día se levanta para librar su lucha diaria por sacar adelante a su congregación; dentro de las limitaciones económicas que bien podrían opacar su ministerio surge el brillo de un sueño que ronda su mente desde hace ya tiempo, el sueño de crear un comedor comunitario para todo aquel que lo necesite.

Unas calles más adelante, se visualiza la fachada de un centro misionero, un templo de adoración que, aunque pequeño, esta hermosamente decorado tanto por dentro como por fuera, con una fachada aun sin terminar pero que se nota serán bellísima una vez que el último clavo quede en su lugar, al entrar al recinto, seis muros sostienen el techo tanto como la fe de sus creadores que lentamente han ido preparando ese lugar para convertirlo en un centro de adoración y de misiones para su comunidad. En esta iglesia reparten despensas una vez por semana sin distinción alguna. Y si les es posible, también reparten juguetes para los niños en navidad. Los pastores de esa iglesia, se identifican muy bien con la comunidad inmigrante, pues como muchos de los habitantes del Valle del Sur de Texas, provienen de una familia inmigrante, se identifican con las necesidades tanto Espirituales como materiales de sus miembros y de aquellos que, sin serlo, se acercan a su iglesia en busca de refugio y ayuda. Muy humildemente, el pastor que dirige esa iglesia, reconoce su necesidad de un mayor conocimiento de la biblia, y su falta de habilidad o experiencia para guiar a los miembros de la misma; con una falta absoluta de soberbia, admite que necesita de toda la ayuda que deseen darle para guiar a su comunidad, para manejar desavenencias, conflictos o desacuerdos entre sus miembros.

Un poco más al este de esa misma comunidad podemos encontrar mucha actividad en una iglesia un poco más grande, sus miembros se preparan para un evento de predicación en el que esperan invitados de otras ciudades del norte del estado, en este evento además de la predicación, se obsequia ropa, calzado y comida a quien lo necesita. Su pastor, un poco más joven y notablemente un con un poco más de preparación académica, comparte su necesidad de ayuda para guiar a su grupo de jóvenes tanto como para dar guía y consejo a los matrimonios pues, según menciona, varios han sido los casos en que ha tenido que intervenir no solo con consejería Espiritual, pero incluso ha debido canalizar las situaciones a autoridades legales para que tomen cartas en el asunto. Este pastor mostro un gran entusiasmo con el proyecto de un manual de apoyo ético-moral sobre todo si este incluye consejos bíblicos para jóvenes y parejas.

El llamado del Señor a personas iletradas.

En una charla con el pastor de una iglesia que apenas está empezando, donde su dirigente da el culto religioso bajo una carpa en el patio de su casa, pude escuchar como este pastor describió lo que el nombro "el llamado del señor" para él, dicho llamado se materializó en un deseo muy arraigado en su corazón de formar su propia iglesia para ganar almas para el creador, el conocimiento bíblico de este pastor es por demás limitado, pues en una charla de poco más de una hora en la cual se le expusieron algunos casos que él como guía Espiritual podría verse en la necesidad de atender como consejero, no logro dar una sola cita bíblica que le sirviera de soporte para fundamentar dicha consejería, sin embargo su corazón está lleno de amor para Dios y su prójimo, pues no duda en hacer mención de un deseo que tiene desde que decidió seguir el mandato divino de pastorear al pueblo de Dios, el desea poder reunir los fondos suficientes para conseguir un lugar más apropiado para la adoración de Dios, citando textualmente las palabras del pastor: "Quisiera poder tener un lugar grande y decorarlo muy bonito para la honra de Dios".

Habrá quien piense que con tan poco conocimiento de la palabra de Dios difícilmente podría servirle como pastor de su rebano, sin embargo, en este punto coincido con el punto de vista de J. I. Packer quien menciona: "se puede conocer mucho ACERCA de Dios sin tener mucho conocimiento de EL"[1] En efecto, hay quienes poseen un amplio conocimiento de la biblia y que, sin embargo, nunca han conocido realmente a su Autor.

Las inquietudes de un pastor muy activo.

Al norte de la "Expressway 83" en el corazón de la pequeña ciudad de Álamo, Texas., se encuentra una pequeña iglesia dirigida por un joven pastor muy activo, pues además de dirigir el culto en ese templo, también colabora con las autoridades locales como capellán o consejero de la ciudad, donde utiliza sus conocimientos bíblicos para brindar apoyo y consejería a las personas que así lo requieran al verse envueltos en problemas con la ley. Además dicho pastor cuenta con un programa de radio donde brinda apoyo Espiritual a los radioescuchas; lamentablemente, por el momento solo cuenta con una hora al mes, pero espera que pronto pueda lograr tener mayor tiempo al aire, pues tal como el comenta, los medios de comunicación masiva, tales como el radio o la televisión pueden llegar a ser una herramienta bastante útil para hacer llegar la palabra de Dios a un mayor número de personas. Pues según su propia experiencia comenta la conmovedora historia de un radioescucha que le llamo para confesarle que estaba a punto de quitarse la vida pero al escuchar su predicación por el radio, la palabra de Dios lleno su corazón y evito que llevara a cabo el suicidio.

Para este pastor es un gran aliciente saber el grado de afectación positiva que su trasmisión mensual puede llegar a tener en su público. Pero también esta consiente del arma de dos filos que un medio de comunicación de tal magnitud puede representar para quienes gustan de aprovechar la fe de la gente para su propio beneficio.

El pastor de palabras reconfortantes.

Una de las primeras entrevistas logradas en la ciudad de Álamo, Texas, fue con el pastor Ramiro, este varón, dirige un pequeño templo ubicado a orillas de la calle Frontage. Su mirada serena y sus facciones tranquilas no reflejan el nerviosismo que el aseguraba sentir ante el cuestionario que estaba a punto de contestar. Sin embargo, una vez iniciada la entrevista, sus respuestas fluyeron fácilmente, destacando en sus palabras el amor al prójimo, el respeto por la vida y el sano temor de Dios nuestro Señor. Buscando siempre proporcionar a los miembros de su congregación el consuelo y los ánimos de salir adelante sin importar la gravedad de las dificultades por las que estén atravesando en ese momento.

Dentro de la entrevista sostenida, se le plantearon a este pastor 5 casos, con los que él podría enfrentarse como guía Espiritual de una iglesia. Tratando temas por demás actuales y lamentablemente frecuentes dentro de nuestra actual sociedad, tales como el aborto, la violencia, la infidelidad entre otros, destacan dentro de sus respuestas, el tacto, la prudencia y la humildad del corazón. Pues en ningún momento responde de forma autoritaria ni sojuzgando a las personas, por el contrario, les brinda una mano amiga, invitándolos a levantarse por muy dura que haya sido la caída.

LA ACTIVIDAD MINISTERIAL INDEPENDIENTE EN EL VALLE DEL SUR DE TEXAS

En la mayoría de sus respuestas, se impone el amor por sus semejantes y el deseo de agradar a Dios, sirviendo a los miembros de su comunidad, actuando con discreción y tratando siempre con respeto y dignidad a los demás. Una charla con la pareja pastoral resulta reconfortante. Pero también es importante señalar que si bien sus consejos estaban principalmente basados en la palabra de Dios, la precisión y el modo sencillo de las respuestas es tomado en cuenta, aunque lo inesperado de los casos a tratar, los dos tenían la misma idea de los temas que fueron tratados desde el inicio de la entrevista hasta el final, aunque los temas eran un tanto complejos, la importancia que ellos tomaron fue impresionante y cabe mencionar, que sus meta es el ministerio y la misión del evangelio. Refiriéndose a Colosenses 1: 28-27.

Esto es hasta cierto punto comprensible, no es que pretendamos que todos los pastores conozcan las citas bíblicas de la A a la Z. pero considero que si es importante tener un punto de referencia sobre la posición de Jehová ante ciertas circunstancias que los seres humanos enfrentamos cada día y que los pastores, dentro de su rol de guías Espirituales están hasta cierto punto "obligados por el amor del Cristo" a proporcionar las herramientas para atacar dichas circunstancias, problemas o situaciones que se nos presenten.

Creo que como líderes religiosos deben contar con los medios necesarios para resistir los ataques del enemigo de Dios. Por tanto, cuando se le hizo al pastor el planteamiento de un manual en el cual el encontrara las bases bíblicas que le ayudarían a enfrentar las diversas circunstancias con las que comúnmente su congregación debe lidiar, no solo acepto estar de acuerdo en aceptar su necesidad de dicho material, sino que además se mostró bastante entusiasmado en participar activamente en la elaboración del mismo para la edificación de su iglesia y la honra del Creador.

Un pastor afiliado con ideas muy independientes.

Viajando ahora hacia el sur de la ciudad de Pharr, TX. Podemos apreciar un templo de adoración de tamaño considerable. Su pastor una persona por demás activa, su filosofía consiste principalmente en salir en busca de almas y no esperar sentado en la puerta de su iglesia esperando a que las almas vengan por sí mismas. A través de una charla animosa, se destaca el carácter emprendedor del pastor, como buen hombre de negocios que es (ya que maneja su propia empresa), busca activa y constantemente la manera de impactar a su comunidad y los alrededores, con el uso de herramientas tecnológicas tales como el internet, buscando medios de transporte para aquellas familias que desean acudir a los diferentes servicios religiosos que en esa iglesia se imparten, siempre procura estar un paso delante de las necesidades de los miembros de su congregación. También participa junto a otros pastores en eventos a favor de la comunidad y busca la manera de apoyar la implantación de nuevas obras misionales.

Su forma de predicar es amena, efusiva, manteniendo activa la atención de los presentes mediante la retroalimentación espontanea; instando siempre a sus miembros a participar dando la gloria al Señor. Dentro de sus sermones, incluye momentos de humorismo para romper la monotonía y mantener el interés de los oyentes en el tema tratado.

Este tipo de predicación suele ser bastante atractiva tanto para los miembros de la congregación como para los visitantes, sin embargo existen ciertos peligros en tal manera de proceder, de acuerdo al escritor Bob Sorge, "aquellos que se enfocan en el trabajo ministerial con una cabeza de negocios peligran en sucumbir a un espíritu mercenario"[2] Haciendo una clara alusión al pasaje de Juan 10:12-13, este autor remarca la diferencia entre pastores y mercenarios, los primeros tomaran muy en serio el cuidado y el bienestar de las ovejas que les han sido encomendadas, al punto de estar dispuestos a dar la vida por ellas; mientras que los segundos, los mercenarios ven la misma tarea como un mero trabajo por el cual recibe una remuneración apropiada (pero no suficiente como para arriesgar su vida, bienestar o comodidad por unas ovejas que ni siquiera le pertenecen).[3]

LA ACTIVIDAD MINISTERIAL INDEPENDIENTE EN EL VALLE DEL SUR DE TEXAS

Ahora, como ha sido común entre los entrevistados, este pastor también admite que su conocimiento de la biblia es limitado, en sus propias palabras dice: "no soy una persona preparada, aunque si tengo cierto conocimiento, sin embargo, para mí, las licenciaturas en teología no sirven de nada sin la revelación del Espíritu Santo, y dicha revelación me fue transferida por manos de mi padre Espiritual que es el pastor de la organización religiosa a la cual estoy afiliado". Tampoco quiso decir con esto que los estudios teológicos sean inútiles, por el contrario, está convencido que toda enseñanza edifica y por eso está siempre abierto a tomar cursos de actualización y asistir a congresos además de apoyarse en la lectura de libros cristianos para enriquecer sus temas de predicación y brindar apoyo Espiritual a los miembros de su iglesia.

El pastor admitió estar completamente de acuerdo en la creación de un manual de apoyo para los pastores y menciono su deseo de ver en su contenido algunos consejos para guiar a los jóvenes y edificar a los matrimonios.

Apoyo Espiritual para familias de Inmigrantes.

Para una comunidad conformada por inmigrantes, que han dejado atrás a su familia, sus amistades y, en general, su entorno socio-cultural, para ir en busca de un futuro mejor, es muy importante tener un apoyo moral y Espiritual que los llene de fuerzas para seguir adelante. Muchas veces el padre de familia se ve obligado a dejar atrás a su esposa e hijos para venir en busca de un trabajo que le permita darle a su familia lo que no puede proporcionarles en su país de origen, para estos padres de familia, la iglesia pentecostal representa un refugio, la fe en Dios les proporciona la fortaleza para salir cada día a trabajar en la construcción de un futuro que proporcione a sus seres queridos el bienestar y la seguridad que necesitan, pero sobre todo, le brinda la esperanza de, algún día volverse a reunir con ellos.

Para el hijo que tiene que abandonar a sus padres con la esperanza de conseguir la manera de ayudarles a construir su casa o de apoyarlos con los gastos y necesidades básicas, la desesperanza y la frustración por no encontrar un trabajo pueden llevarlos a caer en las garras de la destrucción y la fe en Jesucristo es para ellos un escudo que los protege de la desolación que pueden llegar a sentir; durante años he escuchado testimonios de jóvenes que gracias al amor incondicional de Dios nuestro Señor han logrado salir adelante y muchos de ellos ahora están al servicio de Dios, dentro del ministerio ayudando a otros como algún día ellos fueron ayudados y salvados.

Dentro de la iglesia pentecostal encontramos también a madres solteras, que, o bien deciden venir aquí en busca de mejores oportunidades para sus hijos o son originarias de aquí pero necesitan de un apoyo para proteger a su familia; en estos días el acceso a sustancias adictivas, la exposición a la violencia y otras circunstancias mantienen a las madres de familia con el corazón en un hilo, solamente el poder del espíritu santo puede proporcionarles la tranquilidad de saber que si viven de acuerdo a los principios bíblico, sus hijos podrán estar a salvo de aquello que puede llegar a hundir a los que no conocen a Dios.

Entrega de ayuda material.

Muchas familias del Valle de Texas viven en una situación de extrema pobreza, gran parte de ellos dependen de programas de apoyo gubernamental que les proporcionan alimento, asistencia médica, vivienda y hasta dinero en efectivo. Pero para aquellas familias que no califican en ninguno de esos programas, solo hay una opción: la ayuda que proporcionan las iglesias pentecostales mediante programas de entrega de alimentos, de ropa, de refugio y comedores para indigentes, para personas de escasos recursos y para la comunidad en general. Para muestra dos de las tres iglesias pentecostales visitadas en la ciudad de Edinburg, TX. Hacen entrega periódica de alimentos y ropa, además de proporcionar refugio temporal a personas que realmente lo necesitan. En Pharr, TX., hay otra que maneja una especie de hospicio para personas con problemas de drogadicción, donde además de refugio, les proporciona ayuda Espiritual para luchar en contra de su enfermedad. En Álamo, un pastor que apenas empieza a formar su iglesia, nos comentó que estaba trabajando para conseguir patrocinadores con el fin de ayudar a los miembros de su congregación con despensas. En todas estas iglesias aplica una frase que leí en el libro del Dr. Andrés Panasiuk: "en algún lugar escuche que hay cuatro tipos de personas en el mundo:

1. Los que con mucho hacen poco.
2. Los que con mucho hacen mucho.
3. Los que con poco hacen poco.
4. Los que con poco hacen mucho.[4]

Las necesidades de la iglesia pentecostal.

Como podemos apreciar, la actividad de la iglesia pentecostal en el Valle del Sur de Texas no se limita a predicar la palabra de Dios, también proporciona apoyo físico y material a quienes lo necesitan. Como leí hace tiempo en un libro de William MacDonald, "La salvación es por la fe sola, pero la santidad es por la fe con obras"[5] y estos pastores buscan ayudar predicando con el ejemplo. Pero considero que también los pastores de esas iglesias necesitan de ayuda para llevar a cabo tan noble labor. Muchos de esos pastores tienen la vocación de servir a Dios, tienen la compasión por el prójimo y las ganas de ayudar, pero también es cierto que muchos de ellos tienen su punto débil o talón de Aquiles. Durante las entrevistas realizadas pude comprobar por sus propias palabras que necesitan ayuda, ya sea para tener un mayor conocimiento de las escrituras que les proporcionen las bases para brindar a los miembros de su congregación un consejo prudente, o para manejar conflictos entre miembros de la iglesia, también piden ayuda para obtener los datos de programas de apoyo legal, psicológico, económico o de asesoría en casos de violencia intrafamiliar, o de consejería para jóvenes que inician actividad sexual a muy temprana edad.

La otra cara de la moneda.

Es imperante mencionar que así como hay pastores al servicio fiel de Dios, que hacen todo lo posible por brindar guía Espiritual y ayuda material a los miembros de sus congregaciones, también los hay aquellos que buscan aprovecharse de la fe y la ingenuidad de las personas. Lamentablemente, he visto como algunos ven el ministerio de Dios como un negocio que les proporciona los beneficios económicos que daría cualquier empresa de tipo comercial. Personas que utilizan las necesidades de los demás para convertir la casa de Dios en casa de mercado (Juan 2:16) donde promocionan "aceites milagrosos", "mantos de sanación" o cualquier otra cosa que se les ocurra para venderlas a aquellos que buscan desesperadamente aferrarse a algo que les de nuevas esperanzas de seguir adelante en la lucha diaria por la salud, por el bienestar, por las ganas de vivir.

La simonía y los medios de comunicación masiva.

En el capítulo ocho del libro de los Hechos podemos encontrar el relato de un hombre llamado Simón, ese hombre ejercía la magia en Samaria y por medio de sus trucos había engañado a mucha gente haciéndoles creer que tenía el poder de Dios; sin embargo, cuando los apóstoles Pedro y Juan fueron a Samaria para bautizar en Espíritu Santo a quienes habían creído en el sacrificio de Jesucristo, Simón vio por sí mismo el poder del Espíritu y ávidamente trato de comprar la habilidad de imponer las manos a otros para impartirles el don del espíritu a fin de que realizaran milagros. La respuesta de Pedro ante tal ofrecimiento: "Tu dinero perezca contigo, porque has pensado que el don de Dios se obtiene con dinero. No tienes tú parte ni suerte en este asunto, porque tu corazón no es recto delante de Dios" (Hechos 8:9-21)

De este relato bíblico nace el vocablo simonía, referente a aquellas personas que pretenden obtener o proporcionar beneficios Espirituales a cambio de dinero o bienes materiales; es decir todo aquel que se dedica a sacar un provecho económico de la fe de las personas y de su necesidad Espiritual es culpable de simonía.

Como vimos en los capítulos anteriores, la Iglesia Católica Romana, hizo uso de sacerdotes, obispos y monarcas para practicar la simonía mediante la venta de indulgencias y de otros favores eclesiásticos, en la actualidad, los hombres que la practican se valen de los medios de comunicación masiva, tales como el radio y la televisión para realizar sus "Negocios Espirituales". Muchas veces hemos oído en el radio a falsos pastores que ofrecen bendiciones o la garantía de deseos cumplidos, "por parte de Dios" a todo aquel que envíe un cheque a nombre del "pastor de radio" que lo solicita; bajo el lema de "Dios da a manos llenas al dador de corazón" instan a los radioescuchas a "donar" grandes cantidades de dinero a cambio de bendiciones de salud, de trabajo, de bienestar, de amor familiar, etc., son personas que pretenden hacernos creer que los dones de Dios tienen un precio monetario, e intentan lucrar con las dadivas que Jehová otorga por gracia mediante el sacrificio de Jesucristo y la acción del Espíritu Santo; también hay iglesias que mediante programas televisivos logran llegar a mucha gente incluso a otros países, y todo eso sería de gran bendición si el alcance de audiencia que tienen fuera utilizado para expandir el evangelio y la palabra de Dios. Grande seria la siega de almas si a través de esos medios de comunicación, los pastores brindaran a los televidentes el alimento Espiritual que tanta falta hace en estos días. Pero desafortunadamente, no todos tienen la misma visión de lo que es el verdadero ministerio, "todos queremos creer que servimos a Jesús por motivos y razones personales, y aun así es tan fácil deslizarnos a comercializar al ministerio al cual fuimos llamados".[6] Algunos se dejan llevar por el protagonismo y tergiversan la tarea que Cristo nos dejó de llevar las buenas nuevas hasta los lugares más apartados para la salvación de las almas y la cambian por el deseo mundano de tener una congregación enorme, preciosa y por demás sustentable para gloria de ellos mismos, no del Creador.

No es intención de esta autora decir que todos los que dan la palabra de Dios por esos medios sean estafadores, puesto que conozco a personas que diario hacen un gran esfuerzo para reunir los fondos suficientes para poder tener tiempo aire y llevar el mensaje de salvación al mayor número de personas posible. Pero si es importante reconocer a los lobos vestidos con piel de oveja, que se disfrazan para atacar a todo aquel que no esté alerta. (Mateo 7:15). Pues por sus propios frutos es que se dan a conocer. (Mateo 7:16).

Tal como menciona William MacDonald, en su libro Sed Santos, debemos tomar en cuenta los "principios de conducta cristiana",[7] entre los cuales debemos considerar si lo que hacemos, queremos hacer, o estamos haciendo:

- ¿Es para la gloria de Dios?, ¿lo habría hecho Jesús?
- ¿Te gustaría verte haciendo esto cuando Jesús regrese?
- ¿Qué efecto tendría tu conducta sobre los demás?

Conclusión.

Como hemos podido ver a través de los resultados de estas entrevistas, el denominador común entre los pastores con los que hemos hablado, es la necesidad de un documento que les sirva de apoyo para brindar a sus congregaciones una guía Espiritual más completa, destacando siempre el amor de Dios en consejos de alto nivel ético y moral, basados en su palabra y aplicados mediante la unción del Espíritu Santo.

Para ello se ha concluido que las áreas de mayor necesidad son las siguientes:

Guía para jóvenes: con temas sobre las relaciones de noviazgo, actividad sexual, adicciones, violencia, comportamiento social.

Guía para matrimonios: respeto y amor por la pareja, infidelidad, conflictos financieros.

Temas de mayor impacto dentro de la sociedad actual: violencia, homosexualidad, aborto.

Un manual que apoye el parecer de Dios mismo ante los temas de mayor relevancia actualmente, respaldado por Su palabra y no solamente por las experiencias vivenciales, formas de pensar particulares o prácticas culturales. Que lo ayude a tomar las decisiones correctas y a alejarse de las tentaciones ya que "todo hombre, por haber sido dotado con libre albedrío, siempre es responsable de sus propias acciones. Si peca, nunca puede decir ¡la culpa la tiene el diablo!".[8] pues el diablo pone frente a nosotros la tentación, pero caer en ella o resistirla, siempre será nuestra decisión.

CAPÍTULO VI.

GUÍA PARA LOS JÓVENES

Introducción.

Estimado lector, el siguiente manual de ética cristiana, ha sido elaborado a petición de los pastores de la región de acuerdo a las necesidades que cada uno de ellos han visto en su comunidad.

De acuerdo a los resultados de las entrevistas realizadas a los pastores de las iglesias pentecostales independientes del condado hidalgo, existe mucha necesidad de un manual que sirva de apoyo para la Ministración a los miembros de sus congregaciones.

Los temas aquí incluidos, son aquellos que ustedes mismos pidieron se abarcaran. Cabe destacar que el común denominador entre los pastores de la región, es la preocupación por el bienestar de la juventud, por ello, este manual dedica un tercio de su contenido a los jóvenes. Por medio de las charlas con ustedes pastores y maestros de escuela dominical, hemos recopilado los temas que más les preocupan tales como la comunicación con los padres, el incremento del "Bullying" en las escuelas, la rebeldía de los adolescentes, estos y muchos otros temas se han incluido en este manual a petición de ustedes, que no solo fungen como pastores de una congregación, sino que también son padres, madres, hermanos e hijos de familia.

Otro de los temas de preocupación general, es el de la familia, como ayudar a las parejas a sobrellevar los problemas que a diario viven, como ayudarlos a acercarse a Dios en busca de ayuda, apoyo y consuelo.

Sabemos que vivimos tiempos difíciles de manejar, (2ª Timoteo 3:1) y que se vive una lucha diaria para sacar adelante a los hijos, para manejar las diferencias con la pareja, para sortear las dificultades financieras y personales de cada familia. Aun así, es imperante hacerles ver que no están solos, que Dios los ama y siempre está ahí, dispuesto a escuchar y a brindar fortaleza Espiritual para salir adelante.

Este proyecto incluye temas de interés para la pareja, tales como el respeto entre la pareja, la infidelidad, la violencia intrafamiliar, el divorcio. Las citas bíblicas incluidas en esos temas darán al lector un panorama más viable para sus problemas, un panorama donde mediante la ayuda de nuestro señor Jesucristo se puede salir adelante con y a pesar de los obstáculos que se nos presenten día con día.

Por último, en la tercera sección de este manual se incluyen los temas de actualidad que cada día escuchamos en las noticias y que nos abruman grandemente. Temas tales como el aborto, las armas de fuego, la homosexualidad, serán abordados desde el punto de vista bíblico, procurando mostrar al afectado, la postura de Dios ante ese hecho en particular; dando a la persona el apoyo moral y Espiritual que necita para salir adelante a pesar de los errores cometidos en el camino y dejando siempre claro que Dios nuestro señor nos ama sinceramente y que siempre está ahí, con los brazos abiertos para todo aquel que se arrepienta de corazón y esté dispuesto a enderezar su camino.

Espero que este trabajo sea de gran ayuda para la gloria de Dios. Y que beneficie a un gran número de personas, pues solo así habrá cumplido con su cometido.

La juventud.

Para la mayoría de las personas, la juventud es la etapa más bella de la vida, de hecho, muchos quisieran volver a ser jóvenes, pero conservar la experiencia que la vida les ha dado a través de los años. ¿Qué significa esto? Que les gustaría conservar la belleza y frescura de la piel, la energía y vitalidad del cuerpo, pero sin sacrificar la sabiduría y la experiencia que solo los años de vida te proporcionan.

Así es, la juventud es un tesoro hermoso e invaluable, pero irónicamente solo se valora cuando ya no se es tan joven. Pues es justo durante esa etapa que el ser humano se enfrenta a los cambios físicos y emocionales propios de la vida, es cuando se va dejando atrás la preciosa inocencia de la infancia para atravesar por un mar de cambios que, dependiendo del farol del que nos guiemos, puede llegar a ser una travesía tranquila mediante la cual llegaremos a nuestro destino (la edad adulta) sin mayores contratiempos, o una tremendamente tempestuosa, que no solo nos puede llegar a complicar mucho esa transición sino que hasta puede costarnos la vida misma.

Sabemos que en estos días vivimos tiempos críticos, difíciles de manejar (2 Tim 3:15), y que desafortunadamente, los jóvenes suelen ser blanco fácil del enemigo y sus maquinaciones; muchas veces los jóvenes deben enfrentar sus problemas por si solos ya que ambos padres deben trabajar para sacar adelante a sus familias, y en caso de familias mono parentales, los niños se ven forzados a crecer en centros de cuidado infantil o bajo el cuidado de una persona que difícilmente brindara al joven la información o los consejos que pudieran ayudarlo a enfrentar los problemas de su diario vivir. Eso, sin contar con los "consejos" que los "amigos bien intencionados, pero mal informados" pudieran darle sin medir las consecuencias de sus actos.

Entonces, ¿está todo perdido? ¿Están los jóvenes condenados a atravesar por en medio de las tempestades de la juventud completamente solos, sin una guía que los oriente y los lleve a puerto seguro para alcanzar la madurez? La respuesta es NO, no están solos. Debemos recordar que hay un Dios que nos ama, y que desde el inicio de los tiempos ha procurado que sigamos sus normas, consejos y mandamientos con el fin de alcanzar la verdadera felicidad. ¿Dónde encontramos esos consejos? En su palabra, la Biblia. La Biblia es la palabra inspirada de Dios, la cual nos entregó para que lo conozcamos y nos demos cuenta de que él es un Dios amoroso, bondadoso y misericordioso, también nos enseña que es un Dios justo que quiere vernos felices.

Estoy consciente que en estos tiempos modernos donde hemos pasado a un nuevo milenio, muchos jóvenes dirán que la biblia esta pasada de moda o que los consejos que ahí fueron plasmados hace miles de años ya no son aplicables hoy en día. Pero debo decirles que eso es falso, es el único libro que nunca ha perdido su vigencia, sus preceptos son perfectamente aplicables a la realidad de hoy en día. Efectivamente fue escrito hace muchos años, pero ya desde entonces nos advertía como serian estos tiempos y nos instruía para poderlos enfrentar de la mejor manera.

Alguna vez escuche que los bebes vienen sin instructivo, pero la realidad es que las instrucciones de vida, crianza y comportamiento están incluidas precisamente en la biblia.

Y en base a este libro sagrado, es que hoy les presento este proyecto deseando de todo corazón que sirva para edificación de todo aquel que lo ponga en práctica y guarde sus consejos para su propio beneficio y el de los demás. Pues Dios nuestro señor desea nuestra felicidad y nos proporciona los medios para lograrla, lo único que nos pide es esto: "Se sabio, hijo mío, y alegra mi corazón, y tendré que responder al que me agravie" (Proverbios 27:11).[1]

--- TEMA 1 ---

EL ENTORNO FAMILIAR

Cuando se es joven, se vive en constante estrés, el cambio hormonal pone los pelos de punta ante la menor provocación, justo cuando empiezas a interesarte en el sexo opuesto, el acné hace su aparición y lleva tu autoestima hacia el suelo; uno de tus compañeros te invita a una gran fiesta, pero al día siguiente tienes examen de algebra y debes estudiar; el chico que te gusta se hizo novio de tu compañera que por cierto tiene el busto más grande que tu; en medio de todo esto, la comunicación con los padres parece haberse perdido en algún punto del camino.

Mientras que los padres se quejan porque les resulta imposible lograr que sus hijos hablen con ellos, los jóvenes se encierran en su mundo alegando que sus padres no los comprenden y que cuando intentan abrirles su corazón, simplemente parecen no escuchar o no entender cómo se sienten.

Pero no se desanimen, Jehová Dios nos ama y por medio de su palabra, la biblia nos da los consejos que nos pueden ayudar a derribar los muros que tal parece cada día crecen más entre padres e hijos.

Querido joven, este recuadro es una guía de consulta para ti, léelo cuidadosamente, medita en su contenido y aplica lo ahí escrito, pues estos consejos provienen directamente de la biblia, del instructivo de vida que Dios nuestro señor tan amorosamente nos ha proporcionado para lograr la meta más importante a la que pude aspirar el ser humano, alcanzar la felicidad mediante la comunión con Dios.

LA COMUNICACIÓN CON LOS PADRES.

----- N U M E R O 1 -----

NO TE ENCIERRES EN TI MISMO (A)

"los pensamientos son frustrados donde no hay consejo"
Proverbios 15:22

Si te cuesta trabajo hablar con tus padres, o sientes que no te comprenden. No te encierres en ti mismo. Busca el lugar y el momento más oportunos para hacer saber a tus papas lo que estas sintiendo. Si sientes que la timidez o la vergüenza no te permitirá hablarles de frente, entonces escribe en un papel tus sentimientos y preocupaciones y luego entrégaselos para que lo lean, ellos sabrán aconsejarte y te ayudaran a resolver tus dudas.

----- N U M E R O 2 -----

EVITA SER GROSERO CON TUS PADRES

"sea vuestra palabra siempre con gracia, sazonada con sal, para que sepáis como debéis responder a cada uno" **Colosenses 4:6**

Si tus padres intentan acercarse a ti, permíteles el acceso, si en ese momento te sientes cansado, estresado o de mal humor y simplemente no tienes ganas de hablar, no les grites que te dejen en paz, toma un respiro y respetuosamente pídeles que te den un poco de tiempo para calmarte y después siéntense a platicar, eso te acercara a ellos y te ayudara a sentirte mejor.

----- N U M E R O 3 -----

INTERÉSATE EN LAS COSAS DE TUS PADRES

"no mirando cada uno por lo suyo propio, sino cada cual también por lo de los demás". **Filipenses 2:4**

Procura interesarte también en las actividades de tus padres, ellos también tienen problemas, también tienen temores y también se estresan o se frustran ante ciertas situaciones.

----- N U M E R O 4 -----

SIGUE SUS CONSEJOS

"En los ancianos esta la ciencia, y en la larga edad la inteligencia". **Proverbios 12:12**

Te aseguro que el más beneficiado vas a ser tú.

----- N U M E R O 5 -----

NUNCA OLVIDES QUE TUS PADRES TE AMAN Y SIEMPRE BUSCAN LO MEJOR PARA TI. AUNQUE LO MEJOR, NO SIEMPRE ES LO QUE TU DESEAS

En busca de mayor libertad.

Uno de los problemas más comunes entre padres e hijos surge cuando el joven reclama mayor libertad, para tomar decisiones, para salir con los amigos, para tener novia (o), para manejar su vida como mejor considere.

Tal pareciera que los padres no confían en sus hijos, pero deben analizar si realmente son dignos de recibir esa confianza que reclaman. Para ello, es necesario hacer un examen de conciencia y ver si alguna vez han defraudado la confianza de sus padres. Por ejemplo, cuando obtienes un permiso, ¿respetas la hora de llegada?, ¿cumples con tus deberes?, ¿has demostrado que eres responsable con tus promesas, con el manejo del dinero, etc.?

Detalles como estos son los que hacen que los padres sean más cautelosos a la hora de dar a sus hijos la libertad que tanto anhelan. Ahora, si has detectado algunas fallas en alguno de los campos mencionados, ¿Cómo recuperar la confianza de los padres?

La respuesta podemos encontrarla en la biblia. Antes que nada debemos estar conscientes de que "ciertamente no hay hombre justo en la tierra que haga el bien y nunca peque" (Eclesiastés 7:20). Pero también es justo admitir que debemos esforzarnos por ser mejores personas y para lograrlo tenemos la guía de Dios, quien en su palabra nos dice cómo debemos de actuar. No debemos olvidar que la prudencia y la cautela son dos virtudes que se deben cultivar a diario, y que, aunque a veces no es fácil actuar correctamente, al final del día, podrás apreciar los beneficios de haberlo hecho.

BUSCANDO MÁS LIBERTAD

----- N U M E R O 1 -----

REALIZA LOS CAMBIOS NECESARIOS

"En cuanto a la pasada manera de vivir, despojaos del viejo hombre, que está viciado conforme a los deseos engañosos" **Efesios 4:22**

Debemos dejar atrás el actuar de forma irresponsable, para convertirnos en alguien que sabe cumplir con sus deberes.

----- N U M E R O 2 -----

HABLA SIEMPRE CON LA VERDAD

"[...] no juréis, ni por el cielo, ni por la tierra, ni por ningún otro juramento; sino que vuestro si sea si, y vuestro no sea no, para que no caigáis en condenación". **Santiago 5:12**

"Por lo cual, desechando la mentira, hablad con la verdad cada uno con su prójimo; porque somos miembros los unos de los otros". **Efesios 4:25**

Es importante hablar con la verdad, sobre todo con nuestros padres, que solo buscan nuestro bienestar.

----- N U M E R O 3 -----

OBEDECE Y RESPETA A TUS PADRES

"Hijos, obedeced a vuestros padres en todo, porque esto agrada al Señor".De esa forma no solo cumplirás con un mandato divino, también te irás haciendo digno de su confianza." **Colosenses 3:20**

----- N U M E R O 4 -----

ACEPTA LAS REGLAS

"Escucha el consejo, y recibe la corrección, para que seas sabio en tu vejez" **Proverbios 19:20**

Tal vez te parezca que tus padres son demasiado estrictos contigo, pero piensa que lo hacen porque te aman (Prov.13:24)

----- N U M E R O 5 -----

PON EN PRÁCTICA LO APRENDIDO

"Ocúpate en estas cosas; permanece en ellas, para que tu aprovechamiento sea manifiesto a todos". **1 Timoteo 4:15**

Convierte estos consejos en hábitos. Los beneficios a largo plazo serán innumerables.

Seguir estos consejos, darán muestra de tu madurez y, por tanto, serás digno de confianza. Esto no quiere decir que por ello vas a tener libertad de llegar a la hora que quieras a casa, pero seguramente mejorara tu relación tanto con tus padres como con los demás y te serán muy útiles en la toma de decisiones cuando ya seas un adulto.

Rebeldía.

¿Alguna vez has escuchado a tus padres decir que eres un rebelde sin causa? Probablemente en más de una ocasión, pero la verdad es que la mayoría de las veces, esa rebeldía si tiene causa, y posiblemente más de una.

Como ya se ha mencionado, la adolescencia no es de por sí una etapa fácil de superar; aunado a eso, los problemas y tensiones familiares pueden tornarse tan difíciles. De acuerdo al libro

"Introducción a los ministerios juveniles" existen tres factores que contribuyen a la tensión y el deterioro de la familia:

1. las dificultades familiares tales como desempleo, enfermedad, incapacidad o muerte de uno de los padres.

2. la separación o divorcio, que afecta directamente el desarrollo escolar e intelectual del afectado y

3. la ausencia de una imagen paterna positiva.[2] Ante todo esto tu conducta rebelde puede parecer la única forma de gritar cuanto te afecta la situación.

Sin embargo, nada está más lejos de la realidad, enfrentar una situación familiar conflictiva con una actitud negativa (como la rebeldía), no va a mejorar nada, por el contrario, solo será una causa más de conflicto entre tus padres y tú.

Primero, analicemos las posibles causas que pueden llevar al joven a rebelarse en contra de sus padres:

1. **Discusiones constantes entre los padres.** Antes que nada, debes comprender que sacar adelante a una familia no es fácil; los padres deben lidiar con los gastos del hogar, la educación de los hijos, los desacuerdos propios de la pareja, etc. (2ª. Timoteo 3:1-5). Si a ello le sumas tener que lidiar contigo por tu mala conducta, solo lograras empeorar la situación entre tus padres y sentirte peor de lo que ya te sentías. (Gálatas 6:7).

2. **Divorcio de los padres.** Cuando los conflictos entre las parejas ya son insalvables o cuando las circunstancias cambian drásticamente, (como en caso de una infidelidad), los padres consideran que no hay otra solución más que el divorcio. Pero tú amas a tus padres y no deseas que se separen. A pesar de eso ellos lo hacen y tu dolor se escuda en el resentimiento. Por lo que solo quieres que ellos sufran por tu comportamiento al igual que tu sufres por su separación. En el fondo de tu corazón deseas que

piensen que si se vuelven a unir, todo se solucionara. Pero eso no es así. (Proverbios 13:12).

3. **Problemas de adicción.** Actualmente los problemas de adicción tales como el alcoholismo y el consumo de drogas, van cada día en aumento entre la juventud, pero ¿Qué pasa cuando el adicto es uno de tus padres? La situación afecta a los hijos emocionalmente, llenándolos de vergüenza, haciéndolos víctimas de maltrato por parte del padre enfermo. Tu dolor se vuelve resentimiento, la situación te harta. (Proverbios 23:29-35).

CONTROLA TU REBELDÍA DE ACUERDO A SU ORIGEN.

--- PELEAS ---

NO TE CONVIERTAS EN JUEZ DE TUS PADRES, DEJA QUE ELLOS SOLUCIONEN SUS PROPIOS PROBLEMAS

"El ojo que escarnece a su padre Y menosprecia la enseñanza de la madre, Los cuervos de la cañada lo saquen, Y lo devoren los hijos del águila" **Proverbios 30:17**

No te metas en sus peleas ni tomes partido, respétalos en todo momento (Exo. 20:12). Hazles saber con respeto como te afectan sus discusiones (Gal 6:7). Ora a Dios para que cure tu angustia. (Filipenses 4:6,7); (1ª Pedro 5:7).

--- DIVORCIO. ---

NO DEJES QUE LA SEPARACIÓN DE TUS PADRES TE LLENEN DE RENCOR Y ANSIAS DE VENGANZA

"Deja la ira, y desecha el enojo; No te excites en manera alguna a hacer lo malo". **Salmos 37:8**

La ira puede llevarte a actuar impulsivamente, y las consecuencias de tus actos recaerán sobre ti mismo. (Efesios 4:31,32).

--- ADICCIONES. ---

PUEDES SENTIR ODIO POR LA CONDUCTA DE TU PADRE PERO NO POR TU PADRE

"El amor sea sin fingimiento. Aborrecer lo malo, seguid lo bueno".
Romanos 12:9

Sentir rechazo por la conducta de tu padre no debe afectar el respeto que le debes. Recuerda que Dios odia el pecado no al pecador.

Busca refugio entre los miembros de tu iglesia. La compañía de personas que aman a Dios y se esfuerzan por seguir sus normas, puede dar a tu alma el refrigerio que necesita para superar los problemas que te están afectando. Isaías 32:2 dice: "Y será aquel varón como escondedero contra el viento, y como refugio contra el turbión; como arroyos de aguas en tierra de sequedad, como sombra de gran peñasco en tierra calurosa". Posiblemente eso no cambie tu situación familiar, pero si te dará la fortaleza para salir adelante a pesar de las circunstancias que estás viviendo.

--- TEMA 2 ---

EL ENTORNO ESCOLAR

Para algunos jóvenes el proceso educativo puede resultar una experiencia muy buena, están creciendo, ampliando su entorno social, y haciendo nuevos amigos en el camino.

Sin embargo, para otros cuantos, ese mismo proceso, puede llegar a ser una experiencia bastante difícil, sobre todo para aquellos jóvenes que están luchando cada día con miles de cosas, tales como, los cambios físicos y emocionales propios de la pubertad, las exigencias cada vez mayores de las tareas escolares y, por si fuera poco, la lucha diaria por sobrevivir al abuso de otros jóvenes llamado bullying.

El acoso escolar.

Se considera acoso escolar o "Bullying" a cualquier forma de maltrato físico, verbal o psicológico, al cual son sometidos los alumnos dentro del entorno escolar.[3] "El tipo de maltrato que recibe la víctima es mayormente emocional, provocando graves secuelas psicológicas en la victima (tristeza, soledad, alteraciones del sueño, bajo rendimiento escolar…)"[4]

Para una víctima de acoso escolar, asistir a la escuela cada día se convierte en una verdadera tortura. La sola idea le aterra, se torna nervioso ante la idea de tener que enfrentar a su acosador, su autoestima disminuye considerablemente hundiéndolo en una depresión que lo aísla de los demás. En casos extremos, el acoso puede llevar a la víctima a convertirse en victimario, harto del maltrato y la impotencia, puede llegar a albergar tal grado de resentimiento que lo puede llevar a tomar la justicia por su propia mano o, en caso contrario, puede dirigirlo a pensamientos suicidas.

Ahora, ¿Qué se puede hacer ante el acoso escolar?, sabemos que la violencia, solo genera más violencia, entonces, ¿Cómo defenderse, sin recurrir a la ella?

ACOSO ESCOLAR (BULLYING)

----- C O N S E J O 1 -----

MANTÉN LA CALMA

"No te apresures en tu espíritu a enojarte; porque el enojo reposa en el seno de los necios" **Eclesiastés 7:9**

La intención del acosador es molestarte, si reaccionas con enojo, el habrá ganado.

----- C O N S E J O 2 -----

NO RESPONDAS A LA AGRESIÓN

"No paguéis a nadie mal por mal; procurad lo bueno delante de todos los hombres". **Romanos 12:17**

Si respondes a la violencia con violencia, solo lograras agravar el problema.

----- C O N S E J O 3 -----

PÍDELE TRANQUILA PERO FIRMEMENTE QUE DEJE DE MOLESTARTE

"la blanda respuesta quita la ira; más la palabra áspera hace subir el furor". **Proverbios 15:1**

El agresor espera que respondas a la agresión. Si te mantienes tranquilo, lo desconcertaras.

----- C O N S E J O 4 -----

ACTÚA SABIAMENTE

"el necio da rienda suelta a toda su ira, más el sabio al fin la sosiega". **Proverbios 29:11**

Sabemos que mantener la calma cuando estas harto de los maltratos no es fácil, pero debes entender que tu acosador busca descargar en ti su rabia y frustración ante la vida actuando como un necio. Si tú cortas el paso a sus provocaciones de forma apacible, actuaras sabiamente.

----- C O N S E J O 5 -----

ALÉJATE

"El que comienza la discordia es como quien suelta las aguas; deja pues la contienda, antes que se enrede" **Proverbios 17:14**

Si ves que nada de lo anterior funciona para calmar al individuo, es mejor que te retires.

No te quedes callado. Lo peor que puedes hacer es callar lo que sucede, tu silencio protege al agresor y le permite seguir actuando contra los demás en total impunidad. Habla con tus padres, pide ayuda a los profesores y si es necesario, denuncia el caso a las autoridades correspondientes. No podemos permitir que el abuso continúe dañando a los jóvenes.

La elección correcta de amistades.

El hombre es una criatura sociable por naturaleza, y siempre busca la compañía de otras personas que lo hagan sentir querido, apoyado, aceptado. Ahí es donde nace la amistad, una de las relaciones interpersonales más comunes que la mayoría de las personas tienen durante las diferentes etapas de la vida y en diferentes grados de importancia y trascendencia.[4]

Tal es la importancia de los amigos para el ser humano, que aquel que siente que no tiene ninguno, puede llegar a un grado de depresión severa. Pero, ¿Cómo diferenciar a un buen amigo de otro que no lo es en realidad? Bueno, para empezar debemos ser conscientes de que hay diferentes tipos de "amigos".

Los fiesteros. Este es el tipo de amigos con los que siempre contaras para irte de fiesta, para ir al cine, para organizar cualquier evento que les proporcione diversión. Claro que si por alguna circunstancia te metes en problemas, no esperes que alguno de ellos se quede a tu lado para echarte una mano.

Los necesitados. Este tipo de amigos son una especie muy predecible, pues solo te buscan cuando te necesitan. Si una termino con el novio querrá que la escuches y le ayudes a reconciliarse con él. Si al otro se le averió el coche, te llamara para que lo lleves a buscar un mecánico, por supuesto también espera que le prestes para pagarlo, porque él no trae ni un centavo.

Los líderes. Este tipo de amigos hace todo lo que los demás no se atreven. Y pretende que tú como parte de su círculo de amigos de elite, lo sigas en sus hazañas. Claro que a la hora de enfrentar las consecuencias de sus actos, no dudara en dejarte a ti todo el problema con tal de salir bien librado.

Por lo general siempre vas a toparte con este tipo de personas a lo largo de tu vida, pero también hay otro grupo de amigos, aquellos que tal vez no son tan atrevidos, o tan reventados, incluso algunas veces los has tildado de aburridos, pero hay algo en ellos que te hace valorarlos, siempre están a tu lado cuando estas triste, o cuando tienes algún problema; celebran contigo tus triunfos y te ayudan a levantarte de tus fracasos; a veces te hieren con la verdad para no matarte con la mentira. Y ese tipo de amigos son los que vale la pena valorar, apreciar, disfrutar y conservar. Porque son los que nos acompañaran a cada paso en nuestra vida.

Pero, ¿cómo hacer para distinguir a esos amigos verdaderos de aquellos que no lo son en realidad?

COMO DISTINGUIR A LOS BUENOS AMIGOS.

----- C O N S E J O 1 -----

OBSERVA SU COMPORTAMIENTO

"[...] de la abundancia del corazón habla la boca" **Mateo 12:34**

Presta atención a su forma de actuar y como se expresa de otras personas, eso te dará una idea de cómo te tratara a ti.

----- C O N S E J O 2 -----

EXAMINA A SUS AMIGOS

"El que anda con sabios, sabio será; Mas el que se junta con necios será quebrantado". **Proverbios 13:20**

Conocer a sus amigos te dará una idea de cómo es el mismo. Pregunta a otros que opinan de él. Así te evitaras sorpresas desagradables.

----- C O N S E J O 3 -----

EL AMIGO DE VERDAD SE PREOCUPA POR TI

"En todo tiempo ama el amigo, Y es como un hermano en tiempo de angustia." **Proverbios 17:17**

Un amigo de verdad es aquel con el que puedes gozar en las buenas y con quien puedes contar en los momentos de adversidad.

----- C O N S E J O 4 -----

BUSCA AMIGOS QUE REFLEJEN EN SU FORMA DE SER EL AMOR A DIOS

"Más el fruto del Espíritu es amor, gozo, paz, paciencia, benignidad, bondad, fe, mansedumbre, templanza, [...]" **Gálatas 5:22-23**

Si puedes reconocer estas virtudes en los demás, podrás distinguir entre lo que te conviene y lo que no. Te invito a leer Malaquías 3:18

----- C O N S E J O 5 -----

CORRESPONDE A LA AMISTAD VERDADERA CON FIDELIDAD

"El hombre que tiene amigos ha de mostrarse amigo; Y amigo hay más unido que un hermano" **Proverbios 18:24**

"Porque si cayeren, el uno levantará a su compañero; pero ¡ay del solo! que cuando cayere, no habrá segundo que lo levante". **Eclesiastés 4:10**

La amistad es un vínculo que exige reciprocidad. Habrá quien diga que la amistad es dar sin esperar nada a cambio. Pero te aseguro que hasta el más noble de tus amigos se cansara de ti si solo estas dispuesto a recibir sin dar nada a cambio.

----- C O N S E J O 6 -----

EVITA LOS CHISMES

"No erréis; las malas conversaciones corrompen las buenas costumbres" **1ª. Corintios 15:33**

"Haced todo sin murmuraciones y contiendas" **Filipenses 2:14**

Evita caer en la trampa de los chismes. No vale la pena perder un buen amigo por un mal comentario. Pero sobre todo nunca traiciones la confianza que ha depositado en ti. Te invito a leer Proverbios 10:19.

----- C O N S E J O 7 -----

APRENDE A PEDIR PERDÓN TANTO COMO A PERDONAR

"porque todos ofendemos muchas veces..." **Santiago 3:2**

"no seas demasiado justo, ni seas sabio con exceso; ¿por qué habrás de destruirte?" **Proverbios 7:16**

"Y ante todo, tened entre vosotros ferviente amor; porque el amor cubrirá multitud de pecados". **1ª. de Pedro 4:8**

Todos cometemos errores, y por ello es importante reconocerlos y pedir perdón a quienes ofendemos.

Y cuando un amigo nos ofende sin querer, debemos aprender a perdonar.

Pues ese es el reflejo de una verdadera amistad.

Finalmente, sed todos de un mismo sentir, compasivos, amándoos fraternalmente, misericordiosos, amigables (1ª de Pedro 3:8). Mostremos las cualidades de aquel que sea digno de morar en el monte santo de Jehová (salmos 15:1-5).

Los amigos en internet.

Nadie puede negar que el internet es una herramienta bastante útil para trabajar, para realizar las tareas escolares y para comunicarse con personas de todo el mundo literalmente. Pero ¡cuidado! El internet también tiene su lado oscuro, al otro lado de la línea puede estar una persona sin escrúpulos que solo busca aprovecharse de tu ingenuidad. Para protegerte, debes tomar ciertas precauciones.

MEDIDAS A TOMAR EN CUENTA AL CHATEAR EN INTERNET.

----- C O N S E J O 1 -----

CONFIRMA LA IDENTIDAD DE TUS CONTACTOS

"Porque tales personas no sirven a nuestro Señor Jesucristo, sino a sus propios vientres, y con suaves palabras y lisonjas engañan los corazones de los ingenuos". **Romanos 16:18**

No te dejes llevar por la foto de la otra persona. Es mejor usar la webcam, para ver realmente con quien estás hablando.

----- C O N S E J O 2 -----

NUNCA PROPORCIONES TUS DATOS PERSONALES A EXTRAÑOS NI ENVÍES FOTOS TUYAS O DE TU FAMILIA

"He aquí, yo os envío como a ovejas en medio de lobos; sed, pues, prudentes como serpientes, y sencillos como palomas". **Mateo 10:16**

Podrías ser víctima de un fraude y poner en peligro tus finanzas. O peor aún, podrías arriesgar tu seguridad y la de tu familia.

----- C O N S E J O 3 -----

LIMITA EL TIEMPO QUE PASAS CHATEANDO

"Mirad, pues, con diligencia cómo andéis, no como necios sino como sabios, aprovechando bien el tiempo, porque los días son malos". **Efesios 5:15-16**

Hacer amigos es importante, pero no debes sacrificar tiempo que podrías pasar con tu familia por estar en el chat.

----- C O N S E J O 4 -----

CORTA LAS CONVERSACIONES QUE TE INCOMODAN

"Pero fornicación y toda inmundicia, o avaricia, ni aun se nombre entre vosotros, como conviene a santos; Ni palabras deshonestas, ni necedades, ni truhanerías, que no convienen, sino antes bien acciones de gracias". **Efesios 5:3,4**

No permitas que te falten al respeto o te hablen de forma obscena. Termina la conversación y bloquea el acceso a esa persona.

----- C O N S E J O 5 -----

NO OCULTES DE TUS PADRES TUS ACTIVIDADES CIBERNÉTICAS

"Orad por nosotros; pues confiamos en que tenemos buena conciencia, deseando conducirnos bien en todo". **Hebreos 13:18**

Recuerda que nadie procurara tu bienestar mejor que tus propios padres. Si consideras que no estás haciendo algo malo no tendrás problema con que tus padres lo vean.

Finalmente, toma en cuenta estos consejos y mantente siempre alerta, proverbios 27:12 dice: El avisado ve el mal y se esconde; Más los simples pasan y llevan el daño.

--- T E M A 3 ---

EL ENTORNO SOCIAL

El noviazgo.

El noviazgo es una relación entre dos personas que desean conocerse mejor con la intención de ver si existe una afinidad tal que los lleve a unirse más tarde en un vínculo aun mayor, un proyecto de vida llamado matrimonio.

Desde esta perspectiva, la pareja busca conocer los gustos de la otra persona, sus preferencias, su forma de pensar ante los temas importantes de la vida, buscan afinidad en carácter, en sueños y metas a corto y largo plazo, en la visión que tiene cada uno para el futuro, lo cual incluye la formación de una familia.

Para las parejas cristianas, el noviazgo también implica un compromiso, el compromiso de agradar a Dios con nuestros actos, de respetar sus normas y llevar un noviazgo con dignidad y respeto, tomando siempre en cuenta que la persona escogida muy probablemente será su compañero (a) para toda la vida. Y que como tal, se le debe respeto.

Hoy en día, muchos jóvenes ven el noviazgo como algo anticuado, pasado de moda o algo fuera de uso; para muchos, se ha perdido la finalidad del noviazgo de encontrar a un compañero de vida y la han sustituido por el afán de encontrar diversión, "ganar prestigio" por las múltiples conquistas y obtener el mayor número de encuentros de índole sexual en el menor tiempo posible.

Pero debemos recordar que el principal objetivo de tener una pareja, debe ser la intención de formar una familia. Dice Génesis 2:24 "Por tanto, dejara el hombre a su padre y a su madre, y se unirá a su mujer, y serán una sola carne". No la de enredarse en múltiples relaciones inmorales que solo lo dejaran vacío, con una idea distorsionada de lo que es el amor y un sentimiento de hastío y culpa por haber fallado a Dios.

Esto no quiere decir que todo contacto físico y muestras de cariño entre novios esté prohibido, no. Cuando se es joven, el noviazgo se vive intensamente, al ver a la persona amada el corazón late desaforadamente, se sienten mariposas en el estómago y se piensa en el ser amado todo el día. "¡Oh, si él me besara con besos de su boca! Porque mejores son tus amores que el vino". Así reza el versículo 2 del primer capítulo del cantar de los cantares. Un libro bíblico dedicado al amor de la pareja. Como podemos apreciar, las muestras físicas de cariño son algo bello y aprobado por Dios mismo, pero es necesario conocer los límites para no caer en la fornicación y ofender a Dios con nuestra conducta.

EL NOVIAZGO.

--- C O N S E J O 1 ---

ESCOGE A ALGUIEN QUE COMPARTA TU FE

"No os unáis en yugo desigual con los incrédulos; porque ¿qué compañerismo tiene la justicia con la injusticia? ¿Y qué comunión la luz con las tinieblas?" **2 corintios 6:14**

Si te relacionas con alguien de tu misma fe, compartirás los mismos valores morales y las mismas metas Espirituales. Esto afianzara su relación.

--- C O N S E J O 2 ---

TEN BIEN CLARAS TUS METAS Y LAS DE TU PAREJA

"¿Andarán dos juntos, si no estuvieran de acuerdo?" **Amos 3:3**

Si existe afinidad en las metas de ambos, las probabilidades de un matrimonio exitoso serán mayores.

--- C O N S E J O 3 ---

NO PRETENDAS SALVAR AL DESCARRIADO MEDIANTE EL NOVIAZGO

"Porque ¿qué sabes tú, oh mujer, si quizá harás salvo a tu marido? ¿O qué sabes tú, oh marido, si quizá harás salva a tu mujer?" **1ª Corintios 7:16**

Pretender que mediante la relación se puede cambiar a una persona que es un vago, borracho o buscapleitos, no solo es poco probable, sino que puede resultar hasta peligroso para tu integridad física y Espiritual.

--- C O N S E J O 4 ---

MANTÉN LA CASTIDAD DURANTE EL NOVIAZGO

"Pero fornicación y toda inmundicia, o avaricia, ni aun se nombre entre vosotros, como conviene a santos;" **Efesios 5:3**

"Huid de la fornicación. Cualquier otro pecado que el hombre cometa, está fuera del cuerpo; más el que fornica, contra su propio cuerpo peca." **1 Corintios 6:18**

Eso reforzara el valor que cada uno tiene para con el otro. Además de evitarse complicaciones innecesarias como un embarazo no deseado o la infección de alguna enfermedad de transmisión sexual.

--- C O N S E J O 5 ---

RESUELVAN SUS CONFLICTOS AMOROSAMENTE

"Vestíos, [...] de entrañable misericordia, de benignidad, de humildad, de mansedumbre, de paciencia; soportándoos unos a otros, y perdonándoos unos a otros si alguno tuviere queja contra otro. De la manera que Cristo os perdonó, así también hacedlo vosotros".
Colosenses 3:12,13

No permitan que discusiones o malos entendidos dañe su relación. Hablen sus diferencias y solvéntenlas con amor y paciencia. Si necesitan consejo, acérquense a sus pastores, para que mediante la biblia, les brinden consejería.

--- C O N S E J O 6 ---

DISFRUTA DE UN NOVIAZGO SANO

"Alégrate, joven, en tu juventud, y tome placer tu corazón en los días de tu adolescencia; y anda en los caminos de tu corazón y en la vista de tus ojos; pero sabe, que sobre todas estas cosas te juzgará Dios".
Eclesiastés 11:9

Disfruten de un noviazgo sano, encaminado a agradar a Dios. Conózcanse bien para que cuando lleguen al matrimonio, tengan bases bien cimentadas en el amor y respeto mutuos.

--- C O N S E J O 7 ---

¿TE CONSIDERAS LISTO (A) PARA CASARTE?

"Todo tiene su tiempo, y todo lo que se quiere debajo del cielo tiene su hora". **Eclesiastés 3:1**

Si tu relación de noviazgo ya ha tenido el tiempo suficiente para conocerse y aceptarse con sus defectos y virtudes. Si ya tienen claras sus metas y expectativas, tal vez ya estén listos, pero conviene en todo momento tomar en cuenta el buen consejo de los padres y la guía Espiritual de los pastores. Para procurar en todo momento un matrimonio feliz.

Los conflictos del noviazgo.

Podría pensarse que durante el noviazgo todo es miel sobre hojuelas, sin embargo, las estadísticas nos dan otra perspectiva de estas relaciones conflictivas.

El maltrato emocional, físico y verbal, es una práctica común entre muchas relaciones de noviazgo hoy en día. Las relaciones tormentosas infectadas de celos infundados, problemas de adicción en uno de los involucrados, inclinación hacia la violencia de cualquier tipo por parte de la otra persona, puede hundir la relación en un marco de codependencia enfermiza.

La presión por parte de la pareja para obligarte a tener relaciones sexuales, el uso de la manipulación, el chantaje o incluso la fuerza física para que tengas sexo, no debe ser parte de una relación de noviazgo. La joven o el joven solo deben sujeción, obediencia y respeto a los padres no a los novios. Un novio (a) no es tu dueño, es tu pareja y le debe respeto a tu integridad como persona y tus decisiones.

LOS CONFLICTOS DEL NOVIAZGO.

--- C O N S E J O 1 ---

EVITA RELACIONARTE CON PERSONAS INADECUADAS

"El que anda con sabios, sabio será; mas el que se junta con los necios será quebrantado". **Proverbios 13:20**

Tal como debes tener cuidado al escoger un amigo. Así debes tenerlo para escoger un novio (a). Observa bien como habla, cómo reacciona ante ciertas situaciones, sus actitudes, etc.

--- C O N S E J O 2 ---

CUIDADO CON LOS CELOS.

"porque donde hay celos y contención, allí hay perturbación y toda obra perversa" **Santiago 3:16**

Controla tus celos, si son infundados solo te atraerán perturbación e inseguridad. No provoques los celos del otro deliberadamente, nunca sabes cómo ha de reaccionar.

--- C O N S E J O 3 ---

EL MALTRATO FÍSICO O VERBAL NO ES AMOR

"Pero ahora dejad también vosotros todas estas cosas: ira, enojo, malicia, blasfemia, palabras deshonestas de vuestra boca".
Colosenses 3:8
"[...] el hombre se enseñorea del hombre para mal suyo".
Eclesiastés 8:9

Ningún tipo de maltrato, sea físico o verbal es aceptado por parte de Dios y tampoco debe serlo por ti.

--- C O N S E J O 4 ---

ESTABLECE LÍMITES

"Pues la voluntad de Dios es vuestra santificación; que os apartéis de fornicación; que cada uno de vosotros sepa tener su propia esposa en santidad y honor; no en pasión de concupiscencia, como los gentiles que no conocen a Dios" **1 Tesalonicenses 4:3,5**

No cedas ante la presión para tener relaciones sexuales. Mantén tu postura firme. Si aun así insiste en presionarte, hazle saber que consideraras su insistencia como acoso sexual e intento de violación. Pide ayuda a tus padres y aléjate de él. Proverbios 22:24

--- C O N S E J O 5 ---

ENFRENTA LA REALIDAD

"el avisado ve el mal y se esconde; más los simples pasan y reciben el daño". **Proverbios 22:3**

Si estas en una relación tormentosa debes reconocerlo para que puedas pedir ayuda y salir de ella.

Aléjate de esa persona. Puede pensar que lo amas y que con paciencia lograras que cambie, pero no es así, la única persona que puede cambiar a un ser con ese tipo de problemas, es el mismo. Y para ello es muy probable que necesite la ayuda de un profesional ¡no la de alguien con quien desquitar sus frustraciones! Mantente firme y no vuelvas con esa persona. No dejes que te convenza para reiniciar la relación, toma en cuenta la cita bíblica del punto 5. Y ten siempre presente que una relación debe basarse en el amor y respeto mutuos Efesios 5:28,29 dice: "Así también los maridos deben amar a sus mujeres como a sus mismos cuerpos. El que ama a su mujer, a sí mismo se ama. Porque nadie aborreció jamás a su propia carne, sino que la sustenta y la cuida, como también Cristo a la iglesia".

Listos para el matrimonio.

Si ya tienes tiempo en una relación sentimental, y estas considerando seriamente la idea de contraer matrimonio, es conveniente que tomes algunos puntos en consideración antes de que la emoción por el evento nuble tu razón.

Para empezar, se supone que durante el noviazgo tuviste el tiempo y la sagacidad suficientes como para observar bien a tu pareja y conocer tanto sus puntos débiles como sus fortalezas; se supone que ya le conoces lo suficiente como para saber si podrás unir tus virtudes a las de tu amada (o) para el provecho de ambos y si serás capaz de soportar con amor y paciencia sus defectos.

Pero además es necesario plantear y dejar muy en claro los temas que en adelante concernirán a la pareja, por ejemplo:

1. **La vivienda.** Sea que estén planeando comprar una casa, alquilar un departamento o vivir con los padres de uno de los cónyuges, será mejor que lo dejen bien claro antes de la boda para evitar conflictos futuros. (Proverbios 24:27).

2. **Manejo de tu crédito.** Si planeas adquirir un crédito para comprar una casa, un coche o hacer uso de tarjetas de crédito para cubrir algunos gastos, también tendrán que considerar dentro de su presupuesto los pagos del mismo incluyendo los intereses para evitar un endeudamiento imposible de pagar. (Proverbios 22:7).

3.   **Los gastos de la casa.** Es importante aclarar desde el inicio quien se hará cargo de los gastos de la casa tales como el alquiler, la ropa, la comida y el pago por los servicios, el coche, los gastos médicos y los imprevistos. Tal vez sea necesario que ambos trabajen para poder costear todos esos gastos, y en todo caso ambos deberán estar de acuerdo. (Lucas 14:28).

4.   **Los hijos.** Deberán hablar sobre la cuestión de los hijos, cuantos desean tener, (Salmos 127:3) en cuanto tiempo, si ambos trabajan, tendrán que acordar si la madre dejara de trabajar o si dejaran a los hijos en un centro de cuidado infantil o con una niñera, si podrán enfrentar los gastos que eso implica. Un hijo es una responsabilidad muy grande y costosa, será mejor estar preparados.

5.   **Manejo de conflictos.** Deberán estar preparados para soportar los conflictos, resolver los desacuerdos y perdonar las faltas con amor y paciencia. (Colosenses 3:13).

El matrimonio es un asunto serio, cuando Dios formo a la primera dejo muy en claro lo que espera de ella. Por lo mismo es importante asegurarse de estamos con la persona indicada; y para eso es necesario que analices el recuadro siguiente y veas si ambos han alcanzado la madurez emocional suficiente como para enfrentar los retos que un matrimonio y la formación de una familia representan.

SEÑALES DE MADUREZ EMOCIONAL.

--- MUESTRA AMOR A DIOS ---

"Pues este es el amor a Dios, que guardemos sus mandamientos; y sus mandamientos no son gravosos". **1ª Juan 5:3**

--- ES RESPETUOSO (A) CON SU FAMILIA ---

*"Honra a tu padre y a tu madre, para que tus días se alarguen en la tierra que Jehová tu Dios te da." **Éxodo 20:12***

--- SABE RESPETAR LA AUTORIDAD ---

*"Someteos unos a otros en el temor de Dios. Las casadas estén sujetas a sus propios maridos, como al Señor". **Efesios 5:21,22***

--- DEMUESTRA SU NOBLEZA AL HABLAR. ---

*"El hombre bueno, del buen tesoro de su corazón saca lo bueno; y el hombre malo, del mal tesoro de su corazón saca lo malo; porque de la abundancia del corazón habla la boca". **Lucas 6:45***

--- ES TRABAJADOR (A) ---

*"Ciñe de fuerza sus lomos, y esfuerza sus brazos" **Proverbios 31:17***

--- TIENE METAS FIRMES Y LUCHA POR ALCANZARLAS --

*"Ocúpate en estas cosas; permanece en ellas, para que tu aprovechamiento sea manifiesto a todos". **1ª Timoteo 4:15***

--- SABE ADMINISTRAR SUS RECURSOS ---

*"Porque ¿quién de vosotros, queriendo edificar una torre, no se sienta primero y calcula los gastos, a ver si tiene lo que necesita para acabarla?". **Lucas 14:28***

--- HACE BUEN USO DE SU AUTORIDAD ---

"Entonces Jesús, llamándolos, dijo: Sabéis que los gobernantes de las naciones se enseñorean de ellas, y los que son grandes ejercen sobre ellas potestad. Mas entre vosotros no será así, sino que el que quiera hacerse grande entre vosotros será vuestro servidor". **Mateo 20:25,26**

--- NO ES EGOÍSTA ---

"No mirando cada uno por lo suyo propio, sino cada cual también por lo de los otros". **Filipenses 2:4**

--- GOZA DE BUENA REPUTACIÓN ---

"[...] toda la gente de mi pueblo sabe que eres mujer virtuosa". **Rut 3:11**

También es necesario que estés alerta ante las señales que te dicen que la persona con la deseas casarte no es la adecuada para ti. Sabemos que el amor ciega a las personas insensatas, pero tú debes actuar con inteligencia y suspicacia a la hora de elegir, toma en cuenta que se trata del que será tu compañero (a) de vida, y de tu correcta elección depende si esa vida será buena y fructífera o mala y destructiva.

SEÑALES DE ALERTA.

--- IRA ---

"No te entremetas con el iracundo, ni te acompañes con el hombre de enojos". **Proverbios 22:24**

--- VIOLENCIA ---

"Quítense de vosotros toda amargura, enojo, ira, gritería y maledicencia, y toda malicia". **Efesios 4:31**

"Y manifiestas son las obras de la carne, que son: adulterio, fornicación, inmundicia, lascivia, idolatría, hechicerías, enemistades, pleitos, celos, iras, contiendas, disensiones, herejías". **Gálatas 5:19,20**

--- PEREZA ---

"Perezoso, ¿hasta cuándo has de dormir? ¿Cuándo te levantarás de tu sueño? Un poco de sueño, un poco de dormitar, y cruzar por un poco las manos para reposo; así vendrá tu necesidad como caminante, y tu pobreza como hombre armado". **Proverbios 6:9-11**

--- BEBIDA ---

"El vino es escarnecedor, la sidra alborotadora, Y cualquiera que por ellos yerra no es sabio". **Proverbios 20:1**

"[...] no es de los reyes beber vino, Ni de los príncipes la sidra; No sea que bebiendo olviden la ley, y perviertan el derecho de todos los afligidos". **Proverbios 31:4,5**

--- INMORALIDAD --

"Sino que cada uno es tentado, cuando de su propia concupiscencia es atraído y seducido. Entonces la concupiscencia, después que ha concebido, da a luz el pecado; y el pecado, siendo consumado, da a luz la muerte". **Santiago 1:14,15**

Recomendación final.

Joven ten cuidado con tu vida, es frágil y puede desaparecer en unos minutos,   mejor oye el consejo de Dios y vivirás en paz aquí en la tierra, no confíes en tu   juventud, fuerzas, estatura, músculos, tu hermosura, porque todo se va desgastando a como pasen tus años.

La biblia nos ensena que Él es un Dios santo y bueno, que podemos confiar en él, él es tu amigo fiel que nunca te abandonara, ni te dejara cuando tú lo necesites él está con sus brazos abiertos para ti.

"Acuérdate de tu creador en los días de tu juventud, antes que vengan los días malos, y lleguen los años de los cuales digas; No tengo en ellos contentamiento" (Eclesiastés 12:1).

GUÍA PARA LOS JÓVENES

CAPÍTULO VII

GUÍA PARA MATRIMONIOS.

El matrimonio es un vínculo sagrado, instituido por Dios con la finalidad de que el hombre tuviera una compañía apropiada con la cual comenzar (y preservar) a la familia humana (Génesis 2:18, 21-24).

Como regalo de bodas, por así decirlo, les dio la capacidad de gozar de su unión física y emocional (mejor conocida como amor), permitiéndoles disfrutar de cada caricia, de cada beso, de cada gesto de cariño; un regalo excepcional, y exclusivo para los esposos (Proverbios 5:18,19).

Dentro de su palabra también incluyo los preceptos que habrían de asegurar a los esposos un matrimonio exitoso, basado siempre en el amor y respeto mutuos, en el compañerismo y la complicidad, la paciencia y la tolerancia (Efesios 5:33). Por supuesto, que como es natural, en todos los matrimonios han de surgir problemas y conflictos, pero siguiendo los principios bíblicos es posible solventarlos y fortalecer la vez el vínculo de la pareja.

FIDELIDAD MATRIMONIAL

--- C O N S E J O 1 ---

CONSIDEREN SIEMPRE EL VÍNCULO MATRIMONIAL COMO ALGO SAGRADO

"¿No habéis leído que el que los hizo al principio, varón y hembra los hizo, y dijo: Por esto el hombre dejará padre y madre, y se unirá a su mujer, y los dos serán una sola carne? Así que no son ya más dos,

sino una sola carne; por tanto, lo que Dios juntó, no lo separe el hombre".
Mateo 19:4-6

"Una sola carne", así considera Jehová a los esposos, "lo que Dios juntó, no lo separe el hombre", el vínculo matrimonial es algo que Dios considera sagrado e irrompible, por eso, la pareja debe estar muy consciente de que el matrimonio es un compromiso no solo con la pareja, sino con Dios mismo, por tanto no debe tomarse a la ligera.

--- C O N S E J O 2 ---

CONSERVEN SU MATRIMONIO SIN MANCHA

"Honroso sea en todos el matrimonio, y el lecho sin mancilla; pero a los fornicarios y a los adúlteros los juzgará Dios". **Hebreos 13:4**

Aquel que respeta su matrimonio, muestra respeto también por su fundador, lo que a la vez, le acarrea bendiciones por parte de Dios.

--- C O N S E J O 3 ---

DIRÍJANSE SIEMPRE CON RESPETO EL UNO AL OTRO.

"Quítense de vosotros toda amargura, enojo, ira, gritería y maledicencia, y toda malicia".
Efesios 4:31

"Hay hombres cuyas palabras son como golpes de espada; Mas la lengua de los sabios es medicina". **Proverbios 12:18**

Un trato con groserías, insultos o menosprecio, es como una grieta en los muros del hogar, si no se repara a tiempo, terminara por derrumbar la casa entera. Por tanto, que el amor y el respeto sea la regla entre el matrimonio (Efesios 5:33).

--- C O N S E J O 4 ---

EVITEN ATACARSE

"Nada hagáis por contienda o por vanagloria; antes bien con humildad, estimando cada uno a los demás como superiores a él mismo." **Filipenses 2:3**

Cuando los problemas surjan, no se desgasten buscando culpables ni restregándole al otro en la cara quien tiene la razón; mejor intenten tranquilizarse y luego busquen juntos la solución al conflicto.

--- C O N S E J O 5 ---

MANTENGAN LA DISCRECIÓN

"Trata tu causa con tu compañero, Y no descubras el secreto a otro, No sea que te deshonre el que lo oyere, Y tu infamia no pueda repararse".
Proverbios 25:9,10

Dice el refrán "los trapos sucios se lavan en casa"; no es bueno andar ventilando los desacuerdos maritales ni los defectos del compañero (a), recuerden que son "una sola carne" y dejar al descubierto las faltas de la pareja evidenciamos las propias.

--- C O N S E J O 6 ---

NO DEJEN QUE SE APAGUE LA LLAMA DEL AMOR

"Sea bendito tu manantial, Y alégrate con la mujer de tu juventud, Como cierva amada y graciosa gacela. Sus caricias te satisfagan en todo tiempo, Y en su amor recréate siempre". **Proverbios 5:18-20**

Bien sabemos que el pago de las facturas, la crianza de los hijos, y la responsabilidad de sacar adelante a la familia, pueden estresarnos y hacer que dejemos de lado el romanticismo. Sin embargo, apartar el tiempo que la pareja requiere, puede ayudar a bajarlos niveles de estrés y por tanto a enfrentar mejor los retos diarios.

--- C O N S E J O 7 ---

NO BUSQUEN EN OTRO LADO LO QUE TIENEN EN SU HOGAR

"Bebe el agua de tu misma cisterna, Y los raudales de tu propio pozo. ¿Se derramarán tus fuentes por las calles, Y tus corrientes de aguas por las plazas? Sean para ti solo, Y no para los extraños contigo. ¿Y por qué, hijo mío, andarás ciego con la mujer ajena, Y abrazarás el seno de la extraña?" **Proverbios 5:15-17,20**

Disfruten de su relación de esposos, no arriesguen la estabilidad matrimonial, la confianza de su pareja ni su salud con aventuras extramaritales, porque además de todo lo ya mencionado, también se pierde el vínculo con Dios al transgredir sus mandamientos.

--- C O N S E J O 8 ---

BUSQUEN Y ACEPTEN LA GUÍA DE DIOS

"Fíate de Jehová de todo tu corazón, Y no te apoyes en tu propia prudencia. Reconócelo en todos tus caminos, Y él enderezará tus veredas". **Proverbios 3:5,6**

Esforzarse diariamente por cumplir los mandamientos de Dios, someterse humildemente a sus sabios consejos, puede ayudar a la pareja a mantener un matrimonio fuerte y feliz.

Amados hermanos, conserven el vínculo matrimonial como un preciado tesoro, como un regalo de Dios. Déjense guiar por la palabra de Dios más que por los deseos de su corazón (Jeremías 17:9). Impónganse un horario para estudiar juntos la biblia y ayúdense uno al otro a convertir los mandamientos divinos en hábitos y verán que la recompensa será grande, y las bendiciones no se harán esperar. Y recuerden que "El amor perfecto de Dios, y no el amor imperfecto enseñado por la sociedad, es el que vale la pena imitar. El si nos ama y es así como nosotros debiéramos amar"[1]

LOS CONFLICTOS DEL MATRIMONIO.

La violencia doméstica.

¿Sabe usted lo que es la violencia doméstica? A menudo vemos en los noticieros reportajes sobre la violencia doméstica, incluso habremos hecho algún comentario al respecto, pero pocas veces nos detenemos a pensar seriamente en lo que ello implica.

Vemos el tema como algo ajeno a nosotros, y no nos damos cuenta (o no queremos ver) que en realidad está más cerca de lo que imaginamos; tal vez algún familiar, una pareja de amigos, nuestros vecinos o incluso nosotros mismos podemos estar viviéndola sin percatarnos de ello.

Las personas creen que la violencia doméstica se da solo cuando la víctima recibe golpes tan fuertes que pudieran dejarle hematomas visibles, pero en realidad va mucho más allá, y sume a sus víctimas en un hoyo de terror y ansiedad continuos ante la reacción de su agresor; y esta puede comenzar con algo que pudiera parecernos tan "inofensivo" como el uso de un apodo despectivo.

Para comprender mejor todo lo que implica la violencia debemos conocer la raíz de la misma, y esa es el control, el agresor quiere ejercer el dominio total sobre su víctima, controlando cada paso que da, cada palabra que dice, cada cosa que hace; y para ello lo primero que hace es aislar a su víctima de su familia y amigos, evitando así que pueda pedir ayuda. Hace uso de la intimidación y las amenazas para mantenerla controlada o le niega el acceso al dinero para impedir cualquier tipo de independencia financiera; en fin la lista de los tipos de abuso es considerablemente variada, incluye el abuso emocional, psicológico, financiero, físico y/o sexual.

Tal vez los demás se pregunten ¿Por qué la víctima no deja a su agresor? ¿Por qué permite que su esposo (o esposa), quien se supone debe amarla, cuidarla y respetarla, en lugar de eso la insulta, la golpea y amenaza? Y lo que es peor, ¿Por qué justifica a su agresor? Porque que una persona que ha sido víctima de abuso ha pasado tanto tiempo escuchando que no vale nada, que es una persona inútil, que si recibe golpes es porque se lo merece, porque hizo enojar a su agresor de tal manera que a este "no le quedó más remedio que golpearla", que finalmente termina por creérselo ella misma. La víctima se siente sola, recordemos que el agresor suele aislar a su pareja por lo que esta siente que no tiene a quien acudir en busca de ayuda. Teme que su agresor cumpla las amenazas de dañarla a ella, a los hijos o a familiares. Tampoco tiene dinero porque el marido controla cada centavo, y acudir a la policía no serviría de nada porque su agresor siempre le ha dicho que no le van a creer y si el marido se entera de su denuncia, seguro le ira mucho peor.

Pero, y entonces, ¿Qué se puede hacer al respecto? Tenemos que actuar, ser perspicaces para detectar si existe violencia dentro de un matrimonio o relación sentimental, pero ¿Cómo podemos darnos cuenta de que una persona está dentro de una relación abusiva? He aquí algunas de las señales[2]:

- Presenta evidencia del abuso físico (moretones, heridas, etc.)
- Teme contradecir a su pareja
- Procura complacerle siempre para que no se enoje
- Su pareja la insulta o hace comentarios despectivos o denigrantes de la persona frente a los demás
- Constantemente justifica la actitud grosera de su pareja
- Casi no habla y cuando lo hace, primero voltea a ver a su cónyuge que generalmente la interrumpe o la manda a callar de forma grosera

Como podemos ver, estas son solo unas de las muchas señales que pueden alertarnos sobre la situación de un matrimonio, una vez detectado el abuso hay que hacerle ver a la persona que "ninguna mujer [u hombre] debe aceptar la violencia de su esposo [a] solo porque están casados"[2] debemos ofrecer ayuda a la víctima buscando tal vez un refugio para ella y los hijos si es que necesita salirse de su casa, refiriéndola a alguna agencia de protección familiar para que la asesore legalmente en la denuncia del abuso, la solicitud de una orden de restricción si es necesaria o, si así lo decide, en el trámite del divorcio, recordemos que el divorcio es aceptado por Dios solo en caso de adulterio por parte de uno de los cónyuges (Mateo 19:8,9), pero también es aceptada en caso de que la vida de uno de los cónyuges corra peligro, como cuando existe violencia intrafamiliar. Pues como menciona David Hormachea en su libro Cartas a mi amiga maltratada: "la familia donde existe violencia no es una familia saludable."[3] Existen líneas de ayuda telefónica para personas que sufren de violencia doméstica. Tenemos el deber moral de no quedarnos callados, o indiferentes ante el abuso.

Como podemos apreciar el abuso intrafamiliar es un problema muy serio que daña a las personas y las aleja de Dios. Nuestro padre celestial está en contra de cualquier tipo de abuso, y siempre está exhortándonos a mostrar amor y respeto por los demás. A los esposos ha dado instrucciones precisas de cómo deben tratar a sus esposas (Efesios 5:25) y a las esposas de cómo someterse a la autoridad de su marido (Efesios 5:22), ¡a su autoridad no al abuso de su autoridad! A través de su palabra, indica como desea que se dé honra a su pareja y el siguiente recuadro se muestran los principios bíblicos mediante los cuales Dios nuestro señor exhorta a los esposos a tratar a su esposa con amor, delicadeza, respeto y honor. Mostrando a la vez amor al Creador, obediencia a sus leyes y confianza en sus preceptos.

GUÍA ESPECIAL PARA LOS ESPOSOS

--- C O N S E J O 1 ---

HONRE A SU ESPOSA

"Vosotros, maridos, igualmente, vivid con ellas sabiamente, dando honor a la mujer como a vaso más frágil, y como a coherederas de la gracia de la vida, para que vuestras oraciones no tengan estorbo".
1 Pedro 3:7

--- C O N S E J O 2 ---

TRÁTELA CON AMOR

"Así también los maridos deben amar a sus mujeres como a sus mismos cuerpos. El que ama a su mujer, a sí mismo se ama. Porque nadie aborreció jamás a su propia carne, sino que la sustenta y la cuida, como también Cristo a la iglesia". **Efesios 5:28,29**

--- C O N S E J O 3 ---

NUNCA LA OFENDA

"Ninguna palabra corrompida salga de vuestra boca, sino la que sea buena para la necesaria edificación, a fin de dar gracia a los oyentes. Y no contristéis al Espíritu Santo de Dios, con el cual fuisteis sellados para el día de la redención. Quítense de vosotros toda amargura, enojo, ira, gritería y maledicencia, y toda malicia" **Efesios 4:29-31**

--- C O N S E J O 4 ---

MANTENGA EL CONTROL SOBRE SÍ MISMO, NO SOBRE SU PAREJA

"El necio da rienda suelta a toda su ira, más el sabio al fin la sosiega".
Proverbios 29:11

"Mejor es el que tarda en airarse que el fuerte; y el que se enseñorea de su espíritu, que el que toma una ciudad". **Proverbios 16:32**

--- C O N S E J O 5 ---

EVITE LAS CONTIENDAS, RETÍRESE HASTA QUE SE CALME Y ENTONCES TRATE DE RESOLVERLAS

"El que comienza la discordia es como quien suelta las aguas; Deja, pues, la contienda, antes que se enrede". **Proverbios 17:14**
"Airaos, pero no pequéis; no se ponga el sol sobre vuestro enojo, ni deis lugar al diablo". **Efesios 4:26,27**

--- C O N S E J O 6 ---

PIENSE EN LAS CONSECUENCIAS

"No os engañéis; Dios no puede ser burlado: pues todo lo que el hombre sembrare, eso también segará". **Gálatas 6:7**

--- C O N S E J O 7 ---

RECUERDE QUE DIOS ODIA LA VIOLENCIA Y A QUIEN LA PRÁCTICA

"Jehová prueba al justo; Pero al malo y al que ama la violencia, su alma los aborrece" **Salmos 11:5**

--- C O N S E J O 8 ---

DIOS TODO LO VE

"Y no hay cosa creada que no sea manifiesta en su presencia; antes bien todas las cosas están desnudas y abiertas a los ojos de aquel a quien tenemos que dar cuenta". **Hebreos 4:13**

Una esposa es una compañera de vida, es el complemento del hombre. Recuerde que Dios la formo para que fuera una ayuda idónea para el varón (Génesis 2:18); actuar en contra de ella, con insultos, amenazas o golpes, es como actuar en contra de uno mismo, recuerde que una vez unidos bajo el yugo matrimonial, llegan a ser como una sola carne (Mateo 19:4-6).

Habrá quien diga que precisamente por estar unidos bajo el sagrado vínculo matrimonial tenemos que resignarnos a vivir "la vida que nos tocó" y aceptar a nuestro esposo (a) con sus defectos y virtudes, pero como dice David Hormachea: "debemos aceptar a la otra persona, mas no las acciones erróneas que destruyen la relación conyugal".[4] y aprender a tomar a tiempo las riendas de nuestra vida, con valentía, determinación y fe en la gracia de Dios que de ninguna manera aceptaría que viviéramos sumidos en el miedo, la desesperación y la angustia.

Si usted, estimado lector, sea hombre o mujer y se encuentra dentro de una de esas relaciones que solo llevan a la destrucción familiar, física y emocionalmente, dese cuenta que no está solo, ore a Dios con todo su corazón y pídale que le ayude a salir de esa situación, acérquese a alguien de su congregación para que le oriente, y por usted, por sus hijos, por su integridad, por su vida, no dude en tomar las decisiones correctas, porque si lo hace, alguien más las tomara por usted[5] y puede que en lugar de encontrar una salida, caiga en una situación peor a la que hoy enfrenta.

Infidelidad.
La infidelidad es uno de las principales causas de divorcio en una pareja. La traición de un esposo o esposa puede dañar irreparablemente las tres bases fundamentales del matrimonio que son el amor, la confianza y el respeto. Y junto con ello, la autoestima de la persona afectada.

Los sentimientos se acumulan, dolor, frustración, rabia, celos, desprecio (tanto por la pareja como por uno mismo), depresión, ansiedad. Y puede llegar a convertir el hogar conyugal en un campo de batalla que solo puede ser subsanado con la separación o el perdón.

Pero, ¿Qué lleva a una persona a serle infiel a su pareja? Bueno, la respuesta es tan relativa como variada, la falta de comunicación, la falta de atención de la pareja por estar al pendiente de los hijos, el exceso de trabajo aunado a la gran cantidad de horas que se pasan al lado de un compañero (a) laboral, la falta de estímulo a la relación, la rutina, el hastío y el cada vez más degradado valor de la moral (efesios 4:19)…y aunque muchos de estos factores determinantes en un caso de infidelidad, al final la decisión es meramente personal. Cada individuo decide por sí mismo si le es fiel a su compañera (o) o no. Y cada uno deberá afrontar también las consecuencias de sus actos. Recuerde que "[…] Cualquier otro pecado que el hombre cometa, está fuera del cuerpo; mas el que fornica, contra su propio cuerpo peca." (1ª Corintios 6:18) y dichas consecuencias pueden ser desde la destrucción del matrimonio, el daño de los hijos por la separación de los padres, los problemas financieros tras un divorcio y hasta la muerte en caso de contraer alguna enfermedad venérea o la revancha de la persona ofendida.

Ahora, ¿es posible salvar una relación y sobretodo un matrimonio después de una infidelidad? La respuesta de nuevo es relativa, y depende de varios factores.

Primero. El tipo de relación extramarital. Cuando se trata de una relación fugaz, puede resultar un tanto menos traumático que si la relación ha durado mucho tiempo o peor aún si ha habido hijos de por medio. La primera pudo haber representado solo una aventura pasajera donde los sentimientos de la persona infiel no se ven involucrados y le resulta más sencillo cortar el vínculo con la tercera persona, pero cuando se trata de una relación permanente resulta más complicado, pues ello implica un compromiso sentimental de por medio y es mucho más difícil de terminar; y si acaso hubo algún hijo de esa relación, romper el vínculo resulta prácticamente imposible.

Segundo. El arrepentimiento de la persona que cometió infidelidad. Si es la primera vez que la pareja comete infidelidad y se muestra realmente arrepentida, si con sus hechos le demuestra a su cónyuge que está dispuesta a recuperar su matrimonio, su amor y su confianza, tal vez valga la pena considerar la opción de perdonar y darse una segunda oportunidad; por otro lado, si el esposo o la esposa ya han sido infieles en otras ocasiones, y también han pedido perdón y prometido que nunca más lo volverán a hacer y sin embargo vuelven a traicionar, en tal caso, lo más viable seria la separación definitiva.

Tercero. La capacidad de perdón de la persona que fue traicionada. Para algunas personas, perdonar una infidelidad resulta imposible, muchas veces he escuchado la frase: "perdono, pero no olvido", y es que aunque Dios nos manda perdonarnos los unos a los otros (Colosenses 3:13) en una situación de infidelidad resulta tan difícil que incluso la biblia aprueba la separación (Mateo 5:32).

Por todo esto, es importante considerar nuestros actos antes de hacer algo de lo que nos podemos arrepentir. Cometer adulterio no es algo sin importancia, es un pecado muy grave que destruye familias, daña a los hijos, hace sufrir a las víctimas del engaño y también a quien lo propicia. Incluso cuando nadie se entera de la infidelidad, Dios lo hace, y a él tendremos que rendir cuentas de nuestros actos (Gálatas 6:7).

Considerando todo esto, lo mejor es estar alertas y evitar cualquier situación que pudiera llevarnos a caer en las tentaciones del corazón. Antes de lastimar a nuestros seres queridos y a nosotros mismos, para ello, una vez más la palabra de Dios nos da la guía para no desviarnos del camino correcto ante los ojos de Dios.

CONSEJOS PARA EVITAR LA INFIDELIDAD

--- C O N S E J O 1 ---

DISFRUTE DEL AMOR Y DEL PLACER SOLO CON SU CÓNYUGE

"Sea bendito tu manantial, Y alégrate con la mujer de tu juventud, Como cierva amada y graciosa gacela. Sus caricias te satisfagan en

todo tiempo, Y en su amor recréate siempre. ¿Y por qué, hijo mío, andarás ciego con la mujer ajena, Y abrazarás el seno de la extraña?"
Proverbios 5:18,20

Considere que el placer sexual y el éxtasis que le brinda el romanticismo son un regalo de Dios exclusivo para los esposos. Una fuente de placer reservada para disfrutarse solo en la intimidad del lecho conyugal.

--- C O N S E J O 2 ---

CONSERVE SU LECHO CONYUGAL SIN MANCHA ANTE DIOS

"Honroso sea en todos el matrimonio, y el lecho sin mancilla; pero a los fornicarios y a los adúlteros los juzgará Dios". **Hebreos 13:4**

El adulterio es un pecado muy grave ante los ojos de Dios. Y el que lo comete, mancha el lecho conyugal que Dios considera como sagrado.

--- C O N S E J O 3 ---

CUIDE SU RELACIÓN CON DIOS

"¿No sabéis que los injustos no heredarán el reino de Dios? No erréis; ni los fornicarios, ni los idólatras, ni los adúlteros, [...] heredarán el reino de Dios." **1ª Corintios 6:9,10**

Cuidando su relación conyugal y respetando a su pareja, cuidara su relación con Dios mismo.

--- C O N S E J O 4 ---

SEA CAUTELOSO ANTE LOS DESEOS DEL CORAZÓN

"Engañoso es el corazón más que todas las cosas, y perverso; ¿quién lo conocerá?" **Jeremías 17:9**

"Sobre toda cosa guardada, guarda tu corazón; Porque de él mana la vida." **Proverbios 4:23**

El corazón es traicionero, nos puede llevar a hacer cosas que nos dañan y dañan a quienes nos aman de verdad.

--- C O N S E J O 5 ---

EVITE SITUACIONES QUE PUDIERAN HACERLE CAER EN TENTACIÓN

"Bienaventurado el varón que soporta la tentación; porque cuando haya resistido la prueba, recibirá la corona de vida, que Dios ha prometido a los que le aman. Cuando alguno es tentado, no diga que es tentado de parte de Dios; porque Dios no puede ser tentado por el mal, ni él tienta a nadie; sino que cada uno es tentado, cuando de su propia concupiscencia es atraído y seducido. Entonces la concupiscencia, después que ha concebido, da a luz el pecado; y el pecado, siendo consumado, da a luz la muerte". **Santiago 1:12-15**

Intimar demasiado con otras personas pueden llevarlo a desear tener otro tipo de relación con ella y caer en la infidelidad. Evite pasar mucho tiempo a solas con personas de otro sexo, si es necesario interactuar a diario, procure que alguien más esté presente también, y sobre todo, evite al máximo el contacto físico.

--- C O N S E J O 6 ---

DISFRUTE DEL TIEMPO CON SU PAREJA

"Goza de la vida con la mujer que amas, todos los días de la vida de tu vanidad que te son dados debajo del sol, todos los días de tu vanidad; porque esta es tu parte en la vida, y en tu trabajo con que te afanas debajo del sol". **Eclesiastés 9:9**

Busque siempre la forma de mantener el romanticismo con su pareja, procuren salir juntos, tener detalles uno con el otro y continúen enamorándose cada día.

--- C O N S E J O 7 ---

NO ESPERE QUE SU MATRIMONIO SEA PERFECTO.

"Más también si te casas, no pecas; y si la doncella se casa, no peca; pero los tales tendrán aflicción de la carne, y yo os la quisiera evitar". **1ª Corintios 7:28**

Todos los matrimonios tienen problemas, pero aquellos que buscan la ayuda de Dios encuentran las soluciones juntos.

--- C O N S E J O 8 ---

EVITEN DISCUTIR TODO EL TIEMPO

"Mejor es morar en tierra desierta Que con la mujer rencillosa e iracunda". **Proverbios 21:19**

"Maridos, amad a vuestras mujeres, y no seáis ásperos con ellas". **Colosenses 3:19**

Las discusiones continuas alejan a las personas y propician la búsqueda de comprensión con alguien más.

--- C O N S E J O 9 ---

GUARDE LOS CONSEJOS DE DIOS

"Hijo mío, está atento a mi sabiduría, Y a mí inteligencia inclina tu oído, Para que guardes consejo, Y tus labios conserven la ciencia. Porque los labios de la mujer extraña destilan miel, Y su paladar es más blando que el aceite; Mas su fin es amargo como el ajenjo, Agudo como espada de dos filos. Sus pies descienden a la muerte; Sus pasos conducen al Seol. Sus caminos son inestables; no los conocerás, Si no considerares el camino de vida. Ahora pues, hijos, oídme, Y no os apartéis de las razones de mi boca. Aleja de ella tu camino, Y no te acerques a la puerta de su casa; Para que no des a los extraños tu honor, Y tus años al cruel; No sea que extraños se sacien de tu fuerza, Y tus trabajos estén en casa del extraño; Y gimas al final, Cuando se consuma tu carne y tu cuerpo, Y digas: ¡Cómo aborrecí el consejo, Y mi corazón menospreció la represión; No oí la voz de los que me instruían, Y a los que me enseñaban no incliné mi oído! Casi en todo mal he estado, En medio de la sociedad y de la congregación".
Proverbios 5:1-14

CAPÍTULO VIII

TEMAS DE ACTUALIDAD QUE PREOCUPAN A LA POBLACIÓN EN GENERAL

El aborto.

Por definición, un aborto es la interrupción y finalización prematura de un embarazo.[1] este puede ser espontáneo, es decir, que ocurre de manera natural; o inducido, en este caso puede ser terapéutico o electivo. El primero, se realiza por causas médicas cuando el producto presenta anomalías congénitas o cuando el embarazo es dañino para la salud de la mujer. El electivo, se realiza por decisión de la mujer, cuando este es producto de un evento traumático como una violación o incesto, pero también se realizan solo porque la mujer no desea tener al bebe que espera.[2]

El aborto inducido se realiza mediante el uso de medicamentos que ayudan al cuerpo a expulsar el feto y el tejido de la placenta. En otros casos, se realiza el aborto quirúrgico, donde el médico introduce una sonda dentro del útero para literalmente aspirar tanto al producto como a la placenta.[3] También puede realizarse mediante un raspado, tal como se ve en la imagen.

En cualquiera de los casos un aborto provocado es un crimen ante la vista de Dios, es terminar con la vida de un ser humano totalmente indefenso desde el útero de la madre. Tan es así, que mediante la Ley de Moisés, se aseguró de proteger la vida y la integridad física del feto; castigando a quien provocara el aborto de acuerdo al daño causado. (Éxodo 21:22-25)

Un hijo es una bendición de Dios, un regalo del cielo, un pedacito de nosotros mismos. Pero para algunas mujeres, esos términos son muy difíciles de asimilar. Ya sea porque el fruto de su vientre sea la consecuencia de un abuso sexual, porque el padre de la criatura la abandono, porque es muy joven para enfrentar una responsabilidad tan grande como lo es un hijo, por el "qué dirán"; muchas y variadas son las razones que puede llevar a una mujer a recurrir al aborto, pero no existe justificación alguna para el asesinato de un ser indefenso que de entrada, no pidió venir a este mundo, que no es culpable de las situaciones dadas entre los padres, y que no se puede defender.

Hace muchos años leí en un libro de Carlos Cuauhtémoc Sánchez, llamado juventud en éxtasis, el proceso de un aborto por succión, que fue monitoreado paso a paso mediante un ultrasonido. Mi corazón se llenó de ternura hacia esa criatura que al inicio del proceso dormía plácidamente dentro del seno materno, pero después, se llenó de angustia al leer como de repente todo cambio, sintió como una maquina invadía la seguridad de su bolsa amniótica, y succionaba sus extremidades hasta arrancarlas literalmente de su cuerpecito indefenso. Su corazón empezó a latir desaforadamente, asustado intentaba esconderse en el fondo del útero de su madre, mediante el ultrasonido se ve como el feto abre la boca en un intento de hacerse escuchar mediante su llanto, está pidiendo ayuda a gritos, pero nadie le escucha; esa máquina monstruosa lo estaba matando y él no sabía por qué. La máquina pudo arrancar las cuatro extremidades y el tronco. Pero la cabecita no cabía por lo que el médico tomo unos fórceps y presionó la cabeza del feto hasta hacerla tronar como si fuera una nuez, solo así podría ser succionada. Todo terminó, pero quedó evidencia inequívoca de un ser humano luchando por su vida, sin comprender porque se la arrancaban literalmente a pedacitos desde el seno de quien se supone debía amarlo y protegerlo ante todo y ante todos. Su propia madre.

Han pasado muchos años desde que leí ese libro, y la verdad no he podido olvidar esa imagen de mi mente, mi corazón se llena de tristeza cada vez que lo recuerdo. El mismo libro menciona después de ver el video del aborto, la madre del feto asesinado sintió un gran pesar por lo que había hecho, ¡había matado a su propio hijo!

Un feto es un ser humano vivo, y la biblia da testimonio de ello, Dios mismo se ha encargado de dejar muy en claro su postura ante el tema, mediante su palabra, la biblia, nos ha manifestado una y otra vez que ha sido él quien ha formado cada parte de nuestro embrión, diseñándolo de tal forma que ninguna de nuestras partes físicas haga falta. Dios ha santificado a cada uno de nosotros desde antes de nacer.

EL ABORTO

--- C O N S E J O 1 ---

LA VIDA ES SAGRADA PARA DIOS

"Antes que te formase en el vientre te conocí, y antes que nacieses te santifiqué, [...]" **Jeremías 1:5**

Dios nos ama profundamente, para él la vida es sagrada, y debe serlo también para nosotros.

--- C O N S E J O 2 ---

UN REGALO QUE DIOS HA CREADO CON SUS PROPIAS MANOS

"Porque tú formaste mis entrañas; Tú me hiciste en el vientre de mi madre. No fue encubierto de ti mi cuerpo, Bien que en oculto fui formado y entretejido en lo más profundo de la tierra. Mi embrión vieron tus ojos, y en tu libro estaban escritas todas aquellas cosas Que fueron luego formadas, Sin faltar una de ellas". **Salmos 139:13, 15-16**

Piensa por un momento en alguien a quien amas mucho y a quien quieres darle un regalo muy especial, algo que hiciste con tus propias manos, entonces esa persona lo destruye y lo tira a la basura, ¿Cómo te sentirías tú? Supongo que te dolería el alma, bueno, pues

¿cómo crees que se siente Jehová después de ver a alguien destruir el regalo más valioso que él nos ha dado, la vida?

--- C O N S E J O 3 ---

LOS HIJOS SON UNA BENDICIÓN DE DIOS

"Más a Jehová vuestro Dios serviréis, y él bendecirá tu pan y tus aguas; y yo quitaré toda enfermedad de en medio de ti. No habrá mujer que aborte, ni estéril en tu tierra; y yo completaré el número de tus días".
Éxodo 23:25,26

Y como tal debemos cuidarlos, llenarlos de amor y de cuidados.

--- C O N S E J O 4 ---

SON UNA HERENCIA POR PARTE DE JEHOVÁ

"He aquí, herencia de Jehová son los hijos; Cosa de estima el fruto del vientre. Como saetas en mano del valiente, Así son los hijos habidos en la juventud. Bienaventurado el hombre que llenó su aljaba de ellos; No será avergonzado Cuando hablare con los enemigos en la puerta". Salmos 127:3-5

¿Quién de ustedes no aprecia la herencia que le ha dejado un familiar? Pues con mayor razón se debe apreciar la herencia de vida de parte de Dios mismo.

--- C O N S E J O 5 ---

AUN Y CUANDO UNA MUJER RECHACE A SU HIJO, JEHOVÁ JAMÁS LO HACE

"¿Se olvidará la mujer de lo que dio a luz, para dejar de compadecerse del hijo de su vientre? Aunque olvide ella, yo nunca me olvidaré de ti". **Isaías 49:15**

Los seres humanos somos imperfectos y por ello a veces somos capaces de dar la espalda a nuestra propia sangre, pero Jehová es perfecto y misericordioso, él nunca nos abandona.

--- C O N S E J O 6 ---

OBEDECE ESTA ORDEN

"No matarás". **Éxodo 20:13**

Si el amor de Dios no te convence de respetar la vida humana. Encárgate entonces de obedecer esta ley.

--- C O N S E J O 7 ---

PAGA LAS CONSECUENCIAS DE TUS ACTOS.

"Si algunos riñeren, e hirieren a mujer embarazada, y ésta abortare, pero sin haber muerte, serán penados conforme a lo que les impusiere el marido de la mujer y juzgaren los jueces. Mas si hubiere muerte, entonces pagarás vida por vida, ojo por ojo, diente por diente, mano por mano, pie por pie, quemadura por quemadura, herida por herida, golpe por golpe". **Éxodo 21:22-25**

Pues si no obedeces la ley de Dios y eres encontrada (o) culpable por la muerte o el daño de un ser humano aun cuando no ha nacido, deberás pagar por ello.

Es comprensible desde el punto de vista humano, que una mujer que ha sido víctima de una violación, rechace todo aquello que le recuerde el abuso del cual fue objeto, y un hijo definitivamente sería un recuerdo para toda la vida. Pero si tomamos en cuenta la postura de Dios ante la vida humana, si logramos percibir el cariño con el que nos ha formado, y con la ayuda de nuestros seres queridos y la guía de nuestros pastores logramos aliviar poco a poco el dolor que se nos causó, es posible que con el tiempo lleguemos a ver a ese hijo como una bendición y un consuelo por parte de Dios nuestro señor.

Pero si aun así no es posible que tu corazón deslinde a ese hijo del abuso sufrido, siempre podrás recurrir a la opción de darlo en adopción. Logrando con ello tres cosas muy importantes.

1. Salvarías la vida de un ser indefenso, dándole además la oportunidad de crecer con unos padres que lo amen sinceramente.

2. Darías a personas que no pueden procrear la oportunidad de ser padres.

3. No cometerías el pecado (y el delito) de asesinato. Lo cual con el tiempo dará tranquilidad a tu alma.

La homosexualidad.

Hace poco, mientras comía en un restaurante, escuche a un grupo de amigos hablar sobre el tema de la homosexualidad, los puntos de vista de cada uno de ellos era muy variado, mientras uno de ellos decía que eso era vergonzoso, otros lo tachaban de retrogrado y homofóbico; después de un estallido de risas y burlas, oí a una de las chicas mencionar que siempre y cuando uno no afecte con sus actos a los demás cada quien es libre de hacer de su vida lo que mejor le parezca, -"es asqueroso"- sostenía el primer chico, - "!por Dios santo, estamos en pleno siglo veintiuno, no puedes seguir teniendo la mentalidad de alguien del siglo catorce!".

Para unas personas, la homosexualidad viene impresa en nuestros genes lo que no da a las personas la opción de elegir su orientación sexual, para otras, es una decisión que cada quien toma de acuerdo a la influencia de las personas que le rodean.

Para el escritor Lee Thompson, autor del libro La familia desde una perspectiva bíblica, uno de los factores de mayor influencia negativa en las personas es la televisión, que bombardea a los espectadores con series y programas donde "la homosexualidad es una opción más que no es ni mejor ni peor que la heterosexualidad". [4]

¿Y usted, qué piensa al respecto, estimado lector? ¿Cuál es su opinión ante la homosexualidad?, ¿Considera usted también que cada quien debe ser libre de escoger la orientación sexual de su preferencia? ¿O al igual que el joven del restaurante, piensa que es una aberración?, ¿cree usted que la televisión puede influir de esa forma en las decisiones de las personas? ¿Sabe usted que piensa Dios sobre el tema? Echemos un vistazo a lo que dice la biblia al respecto para descubrir el punto de vista de Dios sobre la homosexualidad.

En el libro de Génesis, capitulo 1, versículos 27 y 28 leemos el propósito de Dios al crear a los primeros seres humanos:" Y creó Dios al hombre a su imagen, a imagen de Dios lo creó; varón y hembra los creó. Y los bendijo Dios, y les dijo: Fructificad y multiplicaos; llenad la tierra, y sojuzgadla, y señoread en los peces del mar, en las aves de los cielos, y en todas las bestias que se mueven sobre la tierra". Más adelante, en el capítulo 2, versículo 24 dice: "Por tanto, dejará el hombre a su padre y a su madre, y se unirá a su mujer, y serán una sola carne".

Como podemos ver, Dios creó al hombre y a la mujer, y les dijo que fueran fructíferos y se multiplicaran. También aclaró que el hombre dejaría a sus padres para unirse a una mujer y llegarían a ser una sola carne. En ninguna parte de la Biblia se menciona que Dios haya dado a los hombres la opción de escoger si deseaban unirse con una mujer o con un hombre. Por el contrario, El deja muy en claro que el que un hombre se relacione sexualmente con otro hombre (para el caso también aplica mujer con mujer) "es abominación" (Levítico 18:22).

Ahora, no es intención de la autora decir o hacer creer que por el hecho de que Dios no aprueba ese tipo de conducta sexual nosotros debamos tomar una postura homofóbica ante quienes aceptan abiertamente ser homosexuales, lesbianas o bisexuales. Recordemos que una de las principales enseñanzas de Jesucristo mientras estuvo aquí en la tierra fue el respeto por los demás (Mateo 7:12); Insultar a una persona o decirle que es una aberración para Dios no solo no le ayudará a enderezar sus sendas, sino que además estamos desobedeciendo a Dios con nuestra conducta. (Efesios 4:31).

Entonces, ¿cómo debemos reaccionar los cristianos ante el tema y las personas que son homosexuales?, bueno, antes que nada debemos conocer la forma de pensar de Dios mismo ante el tema, para así poder discernir al respecto, en el siguiente recuadro, encontrara algunas citas bíblicas que le pueden ayudar.

LA POSTURA DE DIOS ANTE LA HOMOSEXUALIDAD.

--- 1 ---

DIOS FORMO A LA PRIMERA PAREJA DE UN HOMBRE Y UNA MUJER

"Y creó Dios al hombre a su imagen, a imagen de Dios lo creó; varón y hembra los creó. Y los bendijo Dios, y les dijo: Fructificad y multiplicaos; llenad la tierra, y sojuzgadla, y señoread en los peces del mar, en las aves de los cielos, y en todas las bestias que se mueven sobre la tierra". **Génesis 1:27,28**

--- 2 ---

PARA FORMAR UNA FAMILIA EL HOMBRE SE UNIRÍA A SU MUJER

"Por tanto, dejará el hombre a su padre y a su madre, y se unirá a su mujer, y serán una sola carne". **Génesis 2:24**

--- 3 ---

DIOS OBSEQUIO A LA PAREJA EL PLACER DE LAS CARICIAS PARA QUE DISFRUTARAN SU UNIÓN

"Sea bendito tu manantial, Y alégrate con la mujer de tu juventud, Como cierva amada y graciosa gacela. Sus caricias te satisfagan en todo tiempo, Y en su amor recréate siempre". **Proverbios 5:18,19**

--- 4 ---

JEHOVÁ PROHIBIÓ A LOS HOMBRES UNIRSE A OTROS HOMBRES

"No te echarás con varón como con mujer; es abominación".
Levítico 18:22

--- 5 ---

LA BIBLIA MANIFIESTA LO QUE ESTO REPRESENTA PARA DIOS

"Y manifiestas son las obras de la carne, que son: adulterio, fornicación, inmundicia, lascivia, idolatría, hechicerías, enemistades, pleitos, celos, iras, contiendas, disensiones, herejías, envidias, homicidios, borracheras, orgías, y cosas semejantes a estas; acerca de las cuales os amonesto, como ya os lo he dicho antes, que los que practican tales cosas no heredarán el reino de Dios".
Gálatas 5:19-21

--- 6 ---

SI EL HOMBRE NO OBEDECE LOS MANDATOS DE DIOS, SUFRE LAS CONSECUENCIAS DE SUS PROPIOS ACTOS

"Por esto Dios los entregó a pasiones vergonzosas; pues aun sus mujeres cambiaron el uso natural por el que es contra naturaleza, y de igual modo también los hombres, dejando el uso natural de la mujer, se encendieron en su lascivia unos con otros, cometiendo hechos vergonzosos hombres con hombres, y recibiendo en sí mismos la retribución debida a su extravío". **Romanos 1:26,27**

Como podemos ver, el propósito de Dios para los seres humanos, es que formen a sus familias, disfruten del amor que sienten por su mujer gozando de sus muestras de cariño mutuo; sus reglas son claras, las relaciones con personas del mismo sexo, son consideradas como abominación para él, y si queremos mostrar nuestro amor por Dios, debemos rendirle obediencia, pues todo lo que hace, lo hace por nuestro propio bien.

Y ahora que tenemos el conocimiento de lo que Jehová piensa sobre el homosexualismo, podemos actuar o reaccionar sabiamente sobre el tema.

COMO DEBEMOS REACCIONAR ANTE LA HOMOSEXUALIDAD.

--- C O N S E J O 1 ---

SIGAMOS LA REGLA DE ORO

"Así que, todas las cosas que queráis que los hombres hagan con vosotros, así también haced vosotros con ellos; porque esto es la ley y los profetas". **Mateo 7:12**

Todo ser humano merece respeto.

--- C O N S E J O 2 ---

NO OFENDAMOS A DIOS OFENDIENDO A LOS HOMBRES

"Quítense de vosotros toda amargura, enojo, ira, gritería y maledicencia, y toda malicia". **Efesios 4:31**

El buen cristiano debe demostrar su amor a Dios y respeto por sus semejantes.

--- C O N S E J O 3 ---

AYUDEMOS A LOS DEMÁS A ENDEREZAR SUS SENDAS

"¿Está alguno enfermo entre vosotros? Llame a los ancianos de la iglesia, y oren por él, ungiéndole con aceite en el nombre del Señor. Y la oración de fe salvará al enfermo, y el Señor lo levantará; y si hubiere cometido pecados, le serán perdonados". **Santiago 5:14,15**

Vencer al pecado es muy difícil, por eso es necesario que brindar toda la ayuda posible, tal vez escuchando los sentimientos de la persona afectada, aconsejándole en base a las escrituras y orando con él, podemos ayudarle a encontrar el camino.

Bien, ahora sabemos cuál es la postura de Dios ante el tema y como debemos actuar al respecto, pero ¿Qué pasa si la persona con inclinaciones homosexuales soy yo?, ¿Cómo hago para enderezar el camino ante Dios?

Antes que nada recuerde que el amor de Dios es inmenso y no nos abandona. Él siempre está dispuesto a perdonar nuestros pecados si nos arrepentimos de corazón y a ayudarnos a librar las batallas más duras contra nuestras debilidades, inclinaciones y/o más oscuros deseos.

De acuerdo a William MacDonald, existe una gran diferencia entre tener tendencias homosexuales y llevar a la práctica la homosexualidad5. Los primeros pueden sentirse atraídos por personas de su mismo sexo sin que esto implique que necesariamente estén pecando teniendo relaciones sexuales ilícitas, más bien se les considera en santidad al contener en oración sus deseos; mientras que los segundos, los que ya han experimentado las relaciones homosexuales se consideran pecadores, aunque incluso ellos podrían tener esperanza si de verdad de arrepienten y dejan guiar por el amor de nuestro Salvador.

QUÉ HACER SI SIENTE QUE TIENE INCLINACIONES HOMOSEXUALES.

--- C O N S E J O 1 ---

PIDA AYUDA A DIOS

"Examíname, oh Dios, y conoce mi corazón; pruébame y conoce mis pensamientos; y ve si hay en mí camino de perversidad, y guíame en el camino eterno". **Salmos 139:23, 24**

Nadie conoce tu corazón mejor que Dios mismo, él te dará la fortaleza y la guía que necesitas para encontrar la paz.

--- C O N S E J O 2 ---

CONFÍA EN LA PALABRA DE DIOS.

"Porque la palabra de Dios es viva y eficaz, y más cortante que toda espada de dos filos; y penetra hasta partir el alma y el espíritu, las coyunturas y los tuétanos, y discierne los pensamientos y las intenciones del corazón". **Hebreos 4:12**

La biblia puede ayudarnos a vencer los malos pensamientos y a apaciguar las intenciones del corazón.

--- C O N S E J O 3 ---

EVITA LA PORNOGRAFÍA Y CUALQUIER MEDIO QUE AVIVE EN TI LOS DESEOS INMORALES.

"Haced morir, pues, lo terrenal en vosotros: fornicación, impureza, pasiones desordenadas, malos deseos y avaricia, que es idolatría;" **Colosenses 3:5**

"Pero fornicación y toda inmundicia, o avaricia, ni aun se nombre entre vosotros, como conviene a santos;" **Efesios 5:3**

No permitas que la pornografía, los programas televisivos que hacen alusión a la homosexualidad o las conversaciones inmorales despierten en ti pensamientos insanos.

--- C O N S E J O 4 ---

CONFÍE EN EL SACRIFICIO DE NUESTRO SEÑOR JESUCRISTO QUE PUEDE CAMBIARLO

"¿No sabéis que los injustos no heredarán el reino de Dios? No erréis; ni los fornicarios, ni los idólatras, ni los adúlteros, ni los afeminados, ni los que se echan con varones, ni los ladrones, ni los avaros, ni los

borrachos, ni los maldicientes, ni los estafadores, heredarán el reino de Dios." 1ª. Corintios 6:9-11

Y esto erais algunos; mas ya habéis sido lavados, ya habéis sido santificados, ya habéis sido justificados en el nombre del Señor Jesús, y por el Espíritu de nuestro Dios.

Entregar nuestras angustias a Jesucristo, puede dar a nuestras almas el sosiego que necesitamos para luchar contra lo aquello que nos hace daño.

--- C O N S E J O 5 ---

PIDAN FORTALEZA PARA DOMINAR LOS MALOS DESEOS

"Haced morir, pues, lo terrenal en vosotros: fornicación, impureza, pasiones desordenadas, malos deseos y avaricia, que es idolatría; Solo mediante la fortaleza que Dios proporciona es que podrá vencer el pecado." Colosenses 3:5

--- C O N S E J O 6 ---

MANTENGA SU ALMA LIMPIA Y SU CUERPO SANO

"Huid de la fornicación. Cualquier otro pecado que el hombre cometa, esta fuera del cuerpo; más el que fornica, contra su propio cuerpo peca." 1ª Corintios 6:18

En estos días en que las enfermedades de transmisión sexual son tan comunes, mantenernos lejos de la fornicación, reduce considerablemente el riesgo de contraer una ETS.

--- C O N S E J O 7 ---

TAL COMO DIOS HACE, ABORREZCA USTED TAMBIÉN LO MALO

"El amor sea sin fingimiento. Aborreced lo malo, seguid lo bueno."
Romanos 12:9

Poco a poco, al ir conociendo Su Palabra, aprenderá a amar lo bueno y a aborrecer lo malo, tal como Dios hace.

--- C O N S E J O 8 ---

ELIJAN LA VIDA

"A los cielos y a la tierra llamo por testigos hoy contra vosotros, que os he puesto delante la vida y la muerte, la bendición y la maldición; escoge, pues, la vida, para que vivas tú y tu descendencia".
Deuteronomio 30:19

Dios pone ante nosotros dos caminos: uno nos dirige a la vida mediante la obediencia, el otro nos lleva a la muerte cortesía del pecado. Jehová nos da la libertad de elegir, pero espera que elijamos la vida.

--- C O N S E J O 9 ---

NO CESE EN SU LUCHA DIARIA

"No nos cansemos, pues, de hacer bien; porque a su tiempo segaremos, si no desmayamos". **Gálatas 6:9**

Si se esfuerza diariamente por obedecer a Dios, con el tiempo vera como los deseos que hoy le atormentan poco a poco irán menguando hasta desaparecer por completo.

TEMAS DE ACTUALIDAD QUE PREOCUPAN A LA POBLACIÓN EN GENERAL

El amor de Jehová es inmenso, su misericordia es infinita, sus mandamientos son justos y solo buscan el bienestar de los seres humanos. Salmos 19:7-11 lo confirma con sus palabras: "La ley de Jehová es perfecta, que convierte el alma; El testimonio de Jehová es fiel, que hace sabio al sencillo. Los mandamientos de Jehová son rectos, que alegran el corazón; El precepto de Jehová es puro, que alumbra los ojos.

El temor de Jehová es limpio, que permanece para siempre; Los juicios de Jehová son verdad, todos justos. Deseables son más que el oro, y más que mucho oro afinado; Y dulces más que miel, y que la que destila del panal. Tu siervo es adem s amonestado con ellos; En guardarlos hay grande galardón". Jehová sabe que no te será fácil vencer en la lucha que libra tu corazón, pero si haces todo lo que puedas por seguir sus preceptos, grande será tu recompensa, Dios te dará su bendición. Esfuérzate al máximo, no te confíes, ora constantemente, confía en Dios.

Nadie sabe mejor lo que más nos conviene que aquel que nos ha creado, Jeremías 10:23 lo confirma: "Conozco, oh Jehová, que el hombre no es señor de su camino, ni del hombre que camina es el ordenar sus pasos". Por eso nos da sus preceptos, para que siguiéndolos, encontremos la felicidad sin arriesgar nuestra seguridad y sobretodo, nuestra vida eterna.

No cometamos el error de pensar que no pasa nada, que podemos elegir libremente la orientación sexual que mejor nos parezca, no olvidemos que las ciudades de Sodoma y Gomorra dieron rienda suelta a sus más bajos instintos, llenando de clamor a sus habitantes. Y por tanto Jehová mismo trajo destrucción sobre ellos (Génesis 19:13).

CAPITULO IX

MÁS ALLÁ DE LA AYUDA ESPIRITUAL

A lo largo de este proyecto, he tenido la oportunidad de conversar con muchos pastores y guías Espirituales acerca de sus inquietudes y mayores preocupaciones cuando sus congregados se han visto envueltos en circunstancias que no solo ameritan consejo moral, ético o espiritual, sino que, debido a lo delicado del caso, también se requiere de otro tipo de asesoría, la legal.

Como bien sabemos, el Valle de Texas está conformado en una gran mayoría por personas inmigrantes que, tal vez por desconocer sus derechos en este país o quizás por miedo, (de cualquier índole) guardan silencio ante el abuso o la necesidad de mejores condiciones de vida.

Es ahí es donde nuestros pastores tienen que entrar en acción para ayudar a esas familias generalmente de escasos recursos a encontrar la agencia, la organización o la institución que pudiera ayudarles de acuerdo a la situación que estén viviendo en ese momento.

Hace varios meses durante una entrevista con el pastor de una congregación en Edinburg, TX., el ministro me comentó que ya en tres ocasiones había visto en igual número de familias la necesidad de una asesoría de índole legal para contrarrestar la difícil situación de violencia intrafamiliar que habían estado viviendo en su hogar desde hacía ya un tiempo considerable. El pastor confiesa que le resultó bastante difícil lidiar con ello, pues sabemos que este tipo de casos no se resuelven tan solo con una denuncia, también es necesario brindar otros tipos de ayuda dependiendo de cada caso en particular, lo cual puede ir desde buscar refugio para las víctimas, ayuda psicológica, protección, etc.

Por todo esto, y tomando en cuenta que para muchas personas la única línea de ayuda la obtienen mediante sus pastores, considero de gran importancia que estos tengan la información actualizada y a la mano de aquellas agencias que pudieran brindar a sus congregados la ayuda que estos requieran en un momento dado. Para ello he procurado incluir todo tipo de agencias, instituciones no lucrativas, fundaciones, líneas de ayuda, etc., que pudieran ser de gran utilidad en casos de gran necesidad. Afortunadamente en los Estados Unidos existe un gran número de agencias de diversas índoles que se encargan de cubrir las necesidades de una comunidad tan diversa como la nuestra y que incluso, pueden brindar ayuda a aquellas personas que están en el país sin un estatus migratorio legal; por eso considero importante que esta información esté al alcance de todos, para que las familias puedan recibir la ayuda que necesiten.

Nota. La información se incluye tal y como la presentan las páginas de internet visitadas, para una consulta más fidedigna.

Maltrato, abuso, negligencia o explotación.

En casos de abuso, maltrato, negligencia o explotación, es importante actuar de inmediato para proteger a los miembros más indefensos dentro de una familia como son los niños, los adultos mayores y las personas con discapacidades.

Si dentro de su congregación, usted como pastor o como maestro de algún ministerio nota algún signo de negligencia tal como descuido en la higiene, la alimentación o la seguridad del menor; si se da cuenta de que alguna persona está abusando de un adulto mayor para despojarlo de sus bienes, propiedades o beneficios, debe reportarlo para que se lleve a cabo una investigación y esas personas obtengan protección.

En el caso de constantes signos de abuso, tales como moretones, rasguños o heridas, considero importante que se acerque a los padres de familia para averiguar que provocó esas lesiones, por supuesto es de gran importancia que se aborde el tema de forma casual, los padres o tutores no deben percibir el más mínimo signo de reproche o desaprobación que pudieran ponerlos a la defensiva; considero que hay que prestar mucha atención tanto a la información que brinden verbalmente como a la que proporcionen corporalmente, si usted nota cierto nerviosismo, actitud agresiva o a la defensiva o reciba una explicación que no coincida con las lesiones que presente el niño, el anciano o la persona con discapacidad, no haga ningún comentario al respecto que pudiera ponerlos en alerta, comuníquese con el DFPS y hágales saber de sus sospechas. Si por cualquier razón usted considera que no es apropiado o no podría cuestionar a los padres al respecto, no se preocupe, hable al DFPS y ellos se encargaran de investigar el caso y tomaran cartas en el asunto de ser necesario.

Departamento de Servicios para la Familia y de Protección de Texas (DFPS).

El Departamento de Servicios para la Familia y de Protección de Texas ha sido creado para proveer protección a las personas más vulnerables del estado de Texas contra el abuso, la negligencia y la explotación; lo cual es posible mediante los tres programas que este departamento maneja para tales fines:

1. Programa de Protección al Menor y a la Familia (CPS). La CPS se encarga de la investigación de presunto maltrato y descuido de los niños, también los protege contra el abuso y dirige varios programas de prevención mediante los cuales promueve la seguridad, integridad y estabilidad de las familias. Cuando es necesario, la CPS busca hogares permanentes para aquellos niños que, por su seguridad física, mental y/o psicológica, no pueden permanecer con sus familias biológicas.

2. Programa de Servicios de Protección al Adulto (APS). El APS se encarga de la investigación de reportes de abuso, maltrato, negligencia y explotación de ancianos y personas incapacitadas en la comunidad. En caso necesario el APS

proporciona servicios de protección que incluyen cuidado auxiliar, servicios de tutela legal, transportación, consejería y ayuda con alimento, albergue y atención médica. También se proporcionan servicios de investigación de salud mental y retraso mental (MHMR).

3. División de Licencias para Centros de Cuidado de Niños (CCL). En la CCL se regulan todas las operaciones de cuidado de niños en el estado de Texas para garantizar la salud, la seguridad y el bienestar de los niños que asisten a estos centros de cuidado. Esto se logra mediante programas de reducción de riesgos de accidentes, maltrato y transmisión de enfermedades en los centros y hogares de cuidado infantil. El CCL proporciona una página web donde los padres de familia pueden buscar centros licenciados de cuidado infantil: www.txchildcaresearch.org

Violencia contra la mujer.

Todas las parejas tienen sus conflictos, el problema radica cuando esos conflictos van más de meras discusiones por desacuerdos. Cuando el trato se convierte en maltrato, en insultos, burlas, gritos, amenazas, golpes, aislamiento, control total sobre la mujer y sus actos.

En situaciones como esas, es imperante buscar ayuda para salir de esa situación que no solo pone en riesgo la dignidad y la autoestima de las personas, sino también su integridad física y emocional y, en algunos casos, la vida misma.

En tales casos resulta un tanto más difícil actuar debido a que la víctima difícilmente va a aceptar que está siendo violentada; quizás por miedo, quizás por lo que ella considera amor y no es más que codependencia, quizás por la falsa creencia que para los hijos, es mejor estar al lado de ambos padres incluso cuando a diario son testigos del más cruel abuso físico, emocional, psicológico o financiero en contra de su madre.

También es digno de tomarse en cuenta que, si una mujer está siendo violentada lo más probable es que los hijos también estén sufriendo algún tipo de abuso o violencia de parte del agresor. ¡¿Cuántas veces no hemos visto en los noticieros casos donde en agresor ha asesinado a su esposa delante de sus hijos y luego se quita o intenta quitarse la vida el mismo?! Y, por el otro lado de la moneda, ¿Quién no recuerda el caso de una madre que desesperada y cansada de tanto abuso de parte de sus esposo tomo a sus hijos, los puso en su camioneta y la dirigió a toda velocidad directo a las olas del mar con la intención de que todos (ella y sus tres hijos) murieran ahogados?! Afortunadamente hubo quienes se dieron cuenta de sus intenciones y acudieron a rescatarlos. Una vez que esos niños estuvieron fuera de peligro confesaron lo aterrados que se sentían mientras su madre les decía que cerraran los ojos, que pronto estarían en un lugar mejor.

Comisión de Servicios Humanos y de Salud en Texas.

Si usted ha sufrido abuso físico, emocional o sexual por parte de su pareja, su ex pareja o de alguien más que viva en su casa, usted puede obtener ayuda. En el estado existen varias organizaciones y centros de ayuda contra la violencia domestica que trabajan con la Comisión de Servicios Humanos y de Salud en Texas y que pueden brindarle los siguientes servicios:

- Línea de ayuda durante una crisis las 24 horas del día: 1-800-799-7233.

- Alguien que puede buscarle y llevarle a un refugio o lugar seguro, en cualquier momento del día o de la noche.

- Atención médica de emergencia.

- Personas que pueden apoyarle y ayudarle a resolver sus problemas.

- Ayuda legal en los sistemas de justicia criminal y civil.

- Información sobre cómo sus niños pueden seguir asistiendo a la escuela.

- Entrenamiento para un trabajo o ayuda para conseguir trabajo.

- Ayuda para obtener otros servicios que podría necesitar.

Que debe hacer en caso de abuso.

Salga cuanto antes de su casa y vaya a un lugar donde usted y sus hijos puedan estar seguros, como la casa de un familiar, un amigo o un refugio. Si considera usted que no sería posible dejar su casa por su propia cuenta, llame a la policía o a la línea de emergencia 911. Si es posible, lleve consigo sus documentos personales y dinero en efectivo por si necesita dejar la ciudad en busca de protección.

En aquellos casos cuando las lesiones ocasionadas requieren hospitalización también pueden ser aprovechadas para pedir ayuda el personal del hospital, hable con su médico, su enfermera o pida hablar con un trabajador social.

Todos debemos ser tratados con respeto y dignidad, si usted o alguien que usted conoce está siendo víctima de violencia, necesita ayuda. Muchas veces la víctima no sabe cómo pedirla directamente, pero si usted sospecha que está siendo violentada, usted puede ayudar. Existen varias líneas de ayuda para víctimas de violencia doméstica disponibles las 24 horas del día, los 7 días de la semana.

- Línea nacional para las víctimas de violencia doméstica: 1-800-799-7233

- Proyecto para la defensa de mujeres: 1-800-374-4673

- Oficina del abogado general: 1-800-983-9933

- Línea nacional para el abuso entre noviazgos de adolescentes: (866) 331-9474, (866) 331-8453.

Centros que ofrecen refugio temporal y servicios de ayuda en el Valle de Texas.

- Friendship of women, Inc. Brownsville, TX. (956) 544-7412

- Women Together Foundation, Inc. McAllen, TX. (956) 630-4878 línea de ayuda (800) 580-4879 http://www.hhsc.state.tx.us/Help/family-violence/centers_sp.shtml

Violación.

Legalmente, se considera una violación cualquier forma de actividad sexual forzada con la cual usted no está de acuerdo y la cual abarca desde el tocamiento obsceno, practicarle u obligarla a practicar sexo oral y, por supuesto la penetración. Y este es un crimen aun si usted conoce a su atacante, si se trata de un amigo, de un compañero de trabajo, si es un miembro de su familia o incluso si se trata de su cónyuge. Es considerado un crimen incluso si usted estaba tomando, usando drogas o estaba inconsciente. Es considerado un crimen si se lleva a cabo en contra de una mujer, un hombre, un niño o un anciano.

Si usted es víctima de una agresión sexual:

- Intente acudir a un lugar donde se sienta seguro(a).

- Busque apoyo.

- Llame a alguien en quien confíe, como un amigo o miembro de la familia. No está solo(a). Hay personas que le pueden brindar el apoyo que necesita.

- Llame a la Línea Directa Nacional de Agresión Sexual al (800) 656-HOPE. Su llamado es gratuito, anónimo y confidencial.

- Busque atención médica tan pronto como sea posible. El cuidado médico es importante para tratar las lesiones que pueda tener y protegerlo(a) de las enfermedades de transmisión sexual y del embarazo.

• Lo que es más importante aún, sepa que la agresión no es su culpa.

Usted tiene el derecho a:

• Ser tratado con respeto y dignidad.

• La privacidad. Esto quiere decir que usted puede negarse a responder cualquier pregunta relacionada con la agresión sexual, su orientación sexual, sus antecedentes sexuales, su historia clínica (incluida su condición con respecto al virus VIH) y sus antecedentes de salud mental.

• Que las conversaciones que tenga con un asesor/abogado de asuntos de agresión sexual sean confidenciales.

• Decidir si quiere o no denunciar la agresión a la policía.

• No ser juzgado en función de su raza, edad, clase, sexo u orientación sexual.

• Que un asesor/abogado de asuntos de agresión sexual la acompañe en los procedimientos legales, médicos y de orden público.

• Solicitar que alguien con el que usted se siente cómodo permanezca con usted en la sala de exámenes.

• Preguntar y a que le respondan sobre las pruebas, los exámenes, los medicamentos, los tratamientos o los informes policiales.

• Ser considerado(a) una víctima/sobreviviente de una agresión sexual, independientemente de la relación del delincuente con usted.

Si considera hacer una denuncia:

- Trate de no bañarse, ducharse, cambiarse de ropa, comer, beber, fumar, hacer gárgaras u orinar antes del examen.

- Busque atención médica para un examen y para la recopilación de evidencia tan pronto como sea posible después de la agresión.

- Traiga una muda de ropa con usted.

- Tiene derecho a tener un abogado/asesor de agresión sexual con usted durante el examen médico.

- Denunciar el caso a la policía es su elección.

Como víctima/sobreviviente de una agresión sexual, es posible que sienta lo siguiente:

- Enojo, miedo, culpa
- Pérdida del control, impotencia; pena
- Depresión, aislamiento, rechazo de la realidad
- Bochorno, incredulidad, auto culpabilidad, choque emocional

Es posible que experimente algunos o todos los sentimientos mencionados anteriormente. Esto es natural y cada una de las víctimas/sobrevivientes de una agresión sexual responden de manera diferente. Recuerde que usted no está solo(a) y no tiene la culpa de lo que le pasó.

Cómo ayudar.

Si alguien que le preocupa es agredido sexualmente, puede sentirse enojado, confundido e impotente. Hay varias cosas que usted puede hacer para ayudar en el proceso de curación y proporcionar el apoyo que su ser querido necesita.

- Crea en la víctima/sobreviviente de manera incondicional. Acepte lo que escucha sin juzgar.

- Recuérdele a la víctima/sobreviviente que no es su culpa. La agresión sexual NUNCA es culpa de la víctima/sobreviviente. Es importante que no haga preguntas con "¿por qué...?", como por ejemplo, "¿por qué estabas en ese lugar a esa hora?" que sugiere que la víctima tiene la culpa de la agresión.

- Entienda que usted no puede controlar cómo se siente la víctima/sobreviviente o "solucionar" el problema. Cada persona reacciona diferente ante una agresión sexual y se recupera a su propio ritmo. Es importante que usted no asuma que sabe cómo se siente, es posible y completamente normal casi toda reacción.

- Sea un buen oyente y tenga paciencia. Hágale saber a la víctima/sobreviviente que usted está allí para él o ella cuando esté listo para hablar. Cuando y si la víctima/sobreviviente no quiere hablar sobre la agresión sexual, no lo presione para obtener información. Deje que la víctima le diga lo que para él o ella es cómodo compartir a su propio tiempo

- Ayude a la víctima/sobreviviente a recobrar el sentido de control de su vida. Durante la agresión sexual, le arrebatan el poder a la víctima/sobreviviente. Apoye las decisiones y las elecciones que la víctima/sobreviviente toma sin juzgar. Trate de no decirle a la víctima/sobreviviente qué es lo que debe hacer; en su lugar, ayúdelo(a) presentándole opciones y recursos para que él o ella tome la decisión que es correcta para él o ella.

- Respete la necesidad de privacidad de la víctima/sobreviviente. Si la víctima/sobreviviente necesita estar a solas, respete dicha decisión.

- No sugiera que la víctima/sobreviviente "continúe" con su vida y se olvide de la violación. La víctima/sobreviviente necesita enfrentar la posibilidad de resolver el trauma de la agresión y comenzar el proceso de curación.

- Respete el derecho de la víctima/sobreviviente para decidir si quiere o no

- Recuerde cuidarse a sí mismo, busque apoyo si lo necesita. De esta manera, podrá apoyar mejor a la víctima/sobreviviente.

¿Necesita ayuda o apoyo?

Los contactos nacionales que se mencionan a continuación se encuentran disponibles para todos aquellos que buscan información y recursos sobre abuso sexual. En caso de una emergencia, marque 9-1-1 para obtener ayuda local de manera inmediata. Los recursos y materiales generales se pueden encontrar en este sitio web en la sección de educación.

Child Help National Child Abuse Hotline
(Línea Directa Nacional contra el Abuso Infantil Child Help)
    Por teléfono: (800) 4-A-CHILD

Darkness to Light
(De la oscuridad a la luz)
    Por teléfono: (866) 367-5444. Línea de ayuda gratuita para personas que viven en los Estados Unidos que necesitan recursos e información local sobre el abuso sexual.

National Center for Missing & Exploited Children
(Centro Nacional para Niños Desaparecidos y Explotados)
    Por teléfono: (800) 843-5678. Disponible las 24 horas del día. Esta línea gratuita es para denunciar cualquier tipo de información

sobre niños desaparecidos o sexualmente explotados a la policía. Este número se encuentra disponible en los Estados Unidos, México y Canadá. La línea directa TDD para personas con problemas de audición es el (800) 826-7653.
En línea: http://www.missingkids.com/CybertipLine.

National Center for Victims of Crime
(Centro Nacional para las Víctimas del Crimen)
Por teléfono: (800) 394-2255. La línea de ayuda gratuita ofrece asesoramiento de apoyo, información práctica sobre el crimen y la victimización y derivaciones a los recursos de las comunidades locales, así como ayuda legal calificada en la justicia penal y los sistemas del servicio social.

Rape, Abuse & Incest National Network
(Red Nacional contra la Violencia, el Abuso y el Incesto)
Por teléfono: (800) 656-4673. Línea Directa Nacional de Agresión Sexual gratuita. En línea: http://www.rainn.org/get-help/national-sexual-assault-online-hotline Línea Directa Nacional de Agresión Sexual en formato de mensajes instantáneos.

Ambas líneas directas son gratuitas y se encuentran disponibles las 24 horas del día, los 7 días de la semana, y ofrecen apoyo confidencial, anónimo y seguro en caso de crisis para las víctimas de agresión sexual, sus amigos y familiares.

Qué debe hacer si un niño o niña revela abuso sexual[3]

Si un niño o niña alude un abuso sexual o lo revela de manera plena, cómo reaccione es muy importante. Lo que diga es simplemente tan importante como lo que no diga. Sus acciones ahora pueden influir posteriormente en la voluntad del niño o niña para hablar sobre esto en el futuro y en procesos judiciales, investigaciones y evaluaciones de seguridad.

- No le haga demasiadas preguntas al niño o niña o exija detalles.
- No subestime o minimice la información.
- No exagere la información o entre en pánico.

- No critique o culpe al niño o niña.
- Escuche y mantenga la calma.
- Respete la privacidad del niño o la niña y el miedo o la incertidumbre potencial de lo que significa hablar.
- Apoye al niño o niña y a la decisión de informar, sin importar lo que diga.
- Exprese el amor y apoyo con palabras y gestos.
- Explíquele al niño o niña que él o ella no ha hecho nada malo.
- Ayude al niño (a) a entender que fue la culpa del delincuente, no de él (a).
- Recuerde que los niños raramente mienten sobre los actos de explotación sexual.
- Asegúrele al niño o niña que puede acudir a usted en cualquier momento y decirle cualquier cosa.
- Busque la atención médica adecuada para el niño o niña.

- Informe a las autoridades del orden público (y a otros adultos clave en la vida del niño o niña que no estén involucrados directamente con el delito).
- Alerte a las organizaciones de protección del niño o niña, de servicios para jóvenes, de abuso infantil o a otras organizaciones de servicios sociales correspondientes junto con las autoridades del orden público.
- Busque asesoramiento o terapia para el niño o niña y la familia completa.

Con frecuencia, los niños no revelan incidentes de explotación sexual. Es posible que los niños incluso prueben la reacción de un adulto antes de revelar de modo completo lo ocurrido. Depende de los adultos atentos reconocer las señales y conocer los indicadores de abuso sexual en los niños y adolescentes.

http://www.nsopr.gov/(X(1)S(xfmlnbbdlq43bvbwqb51zx0e))/
es/Education/HelpSupport

Suicidio.

La vida es maravillosa, es una bendición que debemos aprovechar y agradecer tratando de vivirla intensamente. Pero para algunas personas la vida duele, asusta, angustia (Romanos 7:24). Esas personas generalmente están sumergidas en una profunda depresión que no les permite apreciar lo bello que es vivir y creen que la mejor forma de alejar el dolor de su cuerpo, de su corazón y de su alma, es dejando de existir; piensan que esa es la única solución a sus problemas pero la verdad es que no existe más solución que dejar que el amor de Dios actué en nuestra aflicción (Salmos 34:19).

En situaciones como esta, resulta imperante buscar ayuda profesional, no debemos cometer el gravísimo error de minimizar la situación por la que está pasando una persona deprimida. Debemos tomar muy en serio sus comentarios respecto a morir o a quitarse la vida. Esas personas están pidiendo a gritos que alguien les ayude, pero su grito es silencioso y solo pueden ser escuchados si prestamos mucha atención a las señales que nos indican que alguien está al borde del precipicio. Saber prestar atención a esas señales puede significar para esa persona la diferencia entre salir delante de su depresión para aprender a descubrir y a disfrutar lo maravillosamente bella que es la vida o perderse en un abismo de oscuridad sin retorno como el de la muerte.

Junto con la ayuda profesional resulta de mucho beneficio la Espiritual, hacer saber a la persona que existe un Dios que le ama y desea ayudarle a salir adelante puede cambiar la forma de pensar de quien se encuentra en esa situación. Es importante que la persona sepa que para Dios, la vida de un ser humano es preciosa y así lo demuestra en su palabra al decir: "El que derramare sangre de hombre, por el hombre su sangre será derramada; porque a imagen de Dios es hecho el hombre". (Génesis 9:6).

Sin embargo, como reza un dicho popular mexicano: "a Dios rezando y con el mazo dando". Esto quiere decir que aun y cuando estemos proporcionando a la persona ayuda profesional y espiritual, debemos tomar todas precauciones posibles, esto significa poner fuera de su alcance cualquier objeto que este pudiera usar como un arma, medicamentos, lazos o cualquier otro objeto que pudiera utilizar para quitarse la vida en algún momento de crisis, pero sobre todo, hay que hacerle saber cuánto lo aman, cuanto se interesan en él y en su bienestar.

Si aun con todo lo anterior no se obtiene resultado, quizás reclamar su atención a una orden directa de Dios mediante su palabra podría hacerlo reaccionar, pues Él nos advierte: "No mataras" (Éxodo 20:13) y el suicidio, por donde lo vea es un asesinato, un asesinato en contra de uno mismo.

Señales de advertencia sobre el suicidio:
- Hablar sobre suicidarse o hacer un plan
- Estar obsesionados con la muerte
- Escribir poemas o ensayos, o hacer dibujos sobre la muerte
- Dormir o comer demasiado o muy poco
- Regalar cosas muy preciadas
- Aislarse de los amigos y las actividades
- Perder interés en la apariencia personal
- Mostrar cambios extremos en la conducta o la personalidad
- Tomar riesgos innecesarios

Cuantas más de estas señales veas, mayor será el riesgo a que esa persona cometa suicidio.

1. No trates de manejarlo solo, estos sentimientos no se te van a quitar sin ayuda.
2. Habla con un amigo, familiar, consejero o con un religioso.

3. Ve a tu médico personal, te podrá recomendar asesoramiento o medicamentos.

Línea Nacional De Prevención Del Suicidio: 1-800-784-2433
Centro de Suicidio y Crisis: 1-866-672-5100; (214) 828-1000

Línea Nacional para la Prevención del Suicidio: 1-800-suicide 1-800-784-2433

Me voy de la casa.

Cuando los padres de familia escuchan estas palabras de sus hijos, pueden llegar a sentirse un tanto tristes, los hijos crecen y cada día luchan por mayor libertad, por mayor independencia, buscan volar del nido para descubrir el mundo por sí mismos y ver lo que son capaces de lograr por su propio esfuerzo sin la constante supervisión, ayuda o aprobación de mama y papa. Algunos logran sus sueños, se convierten en hombres o mujeres de bien, independientes, autosuficientes e incluso una vez establecidos consiguen ayudar a sus padres; otros, se dan cuenta que la vida sin el apoyo de papa y mama para pagar las cuentas ya no resulta tan fascinante como creían y simplemente optan por volver a casa. En ambos casos podría decirse que la historia tuvo un final feliz, el primero descubre lo que es capaz de lograr por sí mismo, mientras que el segundo se da cuenta de que aún no está listo para emprender el vuelo y afrontar las responsabilidades que eso conlleva. Listo, no hubo daños que lamentar. Pero para el resto, la historia no es tan simple.

Un gran número de los chicos que abandonan su hogar terminan vagando en las calles, drogándose para tratar de olvidar el hambre y lo triste de su situación y robando para conseguir la droga; en el caso de las niñas, muchas terminan siendo abusadas y obligadas a prostituirse ya sea para conseguir comida, droga o para salvar su vida. En otras ocasiones pueden caer en manos del crimen organizado que los utilizan como "mulas" para traficar con drogas o como "carne de cañón" para que sean los que enfrentan a la policía o a grupos rivales mientras los criminales logran huir. En cualquiera de los casos, ninguna de las opciones parece muy alentadora.

Además de todo lo ya mencionado, también está el dolor la angustia que sienten los padres al no saber nada de sus hijos o peor aún, al saber dónde y cómo terminaron. Un gran sentimiento de culpa e impotencia los embarga, cualesquiera que hayan sido las razones de su hijo para dejar su casa o las de ellos para permitirlo, el dolor y la rabia son los mismos, "si tan solo hubiera..." muchos se dirán a sí mismos ante el hecho de ver la vida de sus hijos destruida. Pero el "hubiera" ya no tiene caso simple y sencillamente porque no existe. Porque el tiempo que ya transcurrió no se puede regresar. Lo que sí se puede hacer es **PREVENIR**, manteniendo la mayor comunicación posible con los hijos, buscando la forma de estar siempre pendientes de ellos, de sus problemas, de sus temores, de sus inquietudes; informándoles de los peligros de la calle, de las cosas a las que niños sin la suficiente madurez o perspicacia están expuestos. Pero sobre todo, deben saber que no están solos.

Independientemente de las causas que haya tenido un niño o un adolescente para dejar su hogar, el Departamento de Servicios para la Familia y de Protección de Texas (DFPS por sus siglas en ingles), mediante el programa de apoyo Texas Youth & Runaway Hotline, ha proveído de un número telefónico mediante el cual brinda a los jóvenes y a sus padres asesoría gratuita disponible las 24 horas.

Texas Youth & Runaway Hotline   1-800-989-6884

Esta línea está disponible las 24 horas del día 7 días de la semana y brinda servicios de prevención para jóvenes, padres, hermanos y demás familiares que necesiten hablar con un consejero que les proporcione ayuda para enfrentar problemas tales como:

- Conflictos familiares,
- Abuso, maltrato y descuido,
- Huida de la casa,
- Dificultades con los padres,
- Presión de los compañeros,
- Drogas o alcoholismo,
- Delincuencia o ausentismo escolar,
- Identidad sexual,
- Expulsión de la casa.

Estos consejeros también trabajan con los defensores de los jóvenes, como lo son la policía, los trabajadores de casos, los consejeros y trabajadores escolares. Además proporciona información gratis y materiales de divulgación a personas que trabajan con jóvenes y sus familias como Pastores o Consejeros Espirituales.

Como trabaja esta línea y los servicios que proporciona:
Esta línea funciona gracias a la colaboración de voluntarios que se dedican a cuidar a jóvenes y a familias que necesitan ayuda. Después de escuchar su problema, ellos evalúan la gravedad del asunto y le ayudan a considerar sus opciones y, una vez que han estudiado los hechos y sus sentimientos ante ellos, le ayudaran a formular un plan de acción razonable para solucionarlos.

Estos consejeros también trabajan conjuntamente con el programa STAR a nivel estatal. Este programa provee servicios para jóvenes que corren riesgo y sus familias ofreciéndoles los siguientes servicios:

5. Disponibilidad las 24 horas del día en casos de crisis,
6. Cuidado residencial de emergencia a corto plazo para jóvenes,
7. Consejería individual, en grupo y familiar,
8. Capacitación basada en las habilidades para jóvenes y padres.
9. Servicios de seguimiento de casos.

Esta línea también proporciona información extensa y envíos a servicios comunitarios gratis o a bajo costo que están disponibles para jóvenes que corren riesgo y sus familias.

Otras líneas de ayuda:
- Texas Runaway Hotline: 1-800-580-HELP
- Texas Youth Hotline: 1-800-98-YOUTH
- National Runaway Switchboard: 1-800-RUNAWAY
- Love is Respect: 1-866-331-9474, www.loveisrespect.org
- http://www.dfps.state.tx.us/Youth_Hotline/default-sp.asp

APOYO ALIMENTICIO PARA FAMILIAS DE ESCASOS
RECURSOS.

Programa WIC.

El Programa Especial de Nutrición Suplementaria para Mujeres, Infantes y Niños (WIC) es un programa para mujeres de bajos recursos que están embarazadas, que están o no amamantando después del parto, y para los bebés y niños de hasta cinco años de edad que se encuentran en situación de riesgo nutricional, que proporciona ayuda para comprar alimentos saludables que los apoyen para una buena nutrición.

Dentro de este programa, las mujeres embarazadas o que están amamantando pueden obtener alimentos ricos en nutrientes que le ayudaran en la formación de su bebe en camino y a la producción de leche materna rica en nutrientes para su bebe. En el caso de bebes que se alimentan de fórmula, este programa se las proporciona, junto a otros alimentos adecuados a la edad del niño en cuestión.

Programa SNAP.

SNAP ofrece asistencia nutricional a millones de personas y familias elegibles de bajos ingresos y proporciona beneficios económicos a las comunidades. SNAP es el programa más grande en la red nacional de seguridad contra el hambre. El Servicio de Alimentos y Nutrición trabaja con agencias estatales, educadores de nutrición y las organizaciones vecinales y religiosas para asegurar que las personas elegibles para la asistencia nutricional puedan tomar decisiones informadas acerca de cómo solicitar y acceder al los beneficios. FNS también trabaja con socios estatales y de la comunidad al por menor para mejorar la administración del programa y asegurar la integridad del mismo.

177

Banco de alimentos

El banco de alimentos es otra de las opciones para aquellas personas que necesitan ayuda alimenticia, por medio de agencias y de iglesias locales distribuyen despensas mensualmente, además de apoyar a varios refugios para personas indigentes.

Organizaciones religiosas

En muchas iglesias del Valle, se distribuyen despensas periódicamente a la población más necesitada, en algunas solo se reparten despensas entre los miembros de la congregación, pero en otras la distribución es generalizada.

CAPITULO X

BUSCANDO EL COMÚN DENOMINADOR

A través de los muchos años que su servidora lleva sirviendo a nuestro Padre Celestial, pude ser testigo de los triunfos y tropiezos que experimentaron aquellas iglesias en las cuales tuve oportunidad de congregarme y servir de una u otra forma. Iglesias que se comprometían con un ministerio de servicio al prójimo y que, en un principio, se llevó a cabo mediante una entrega total por parte de los dirigentes del mismo, pero que con el tiempo, debido a ciertos conflictos de intereses, a decisiones controversiales o a motivos que hasta la fecha resultan desconocidos para los miembros de esas congregaciones, los ministerios fueron menguando, perdiendo fuerza y, en algunos casos, cancelados indefinidamente.

A partir de entonces, tome la determinación de averiguar las causas de tales sucesos, mi corazón deseaba saber en dónde estaba la falla y en la medida de mis posibilidades, buscar una solución que sirviera a la renovación de los ministerios antes mencionados o bien a la formación de nuevos proyectos que igualmente fueran de beneficio para la comunidad.

Como parte de mi proyecto, debía primero averiguar qué era lo que les hacía falta a los pastores y/o dirigentes religiosos de la iglesia pentecostal independiente para poder trabajar con ellos si me era permitido en la búsqueda de ese algo que les pudiera ayudar.

Al principio del proyecto, su servidora pensó que tal vez un código de ética pastoral, que estandarizara el proceder de los pastores pentecostales independientes, serviría para que las congregaciones de la región, recibieran un servicio profesional y uniforme aun y cuando sus iglesias continuaran ejerciendo su autonomía e independencia de las grandes organizaciones religiosas. Sin embargo, después de múltiples charlas con líderes pentecostales de alto rango, de un gran número de entrevistas con los pastores de las iglesias pentecostales independientes del Valle del Sur de Texas, de realizar sondeos a través de cuestionarios y de platicar con los propios miembros de las congregaciones, pude llegar a la conclusión de que debido a gran diversidad de edades, formación académica, cultural e ideológica, dicho código difícilmente podría ser aceptado e implementado de forma general aun y cuando algunos de los entrevistados estuviera de acuerdo en que es necesario.

Lo que si pude obtener muy en claro, es la necesidad de material didáctico de apoyo tanto para pastores como para los ministros de enseñanza de las iglesias, pues durante las entrevistas y las encuestas realizadas, la gran mayoría coincidía en que un manual de ética cristiana les sería de gran beneficio para tratar con los miembros de sus respectivas congregaciones temas de gran delicadeza pero irremediablemente tan actuales dentro de nuestra sociedad como el aborto, la homosexualidad y la violencia intrafamiliar, entre otros. Esta conclusión la obtenían luego de que les era aplicado un cuestionario en el cual se les planteaban cinco casos hipotéticos de miembros de sus congregaciones los cuales acudían a ellos, sus pastores, en busca de ayuda o consejo y casos en los cuales ellos debían actuar por iniciativa propia dejando ver a los involucrados el punto de vista de Dios ante el tema en cuestión pero sin herir sus sentimientos o poner en riesgo su fe.

En dicho cuestionario, algunos pastores mostraron gran habilidad para dar consejos con base moral, en un menor número hubo quienes ofrecieron consejería basada en las escrituras y solo uno de los encuestados, proporcionó información de la ayuda legal también prestada a los miembros de su congregación que así lo requerían debido a la gravedad de la situación que estaban viviendo. Para soportar lo anterior, considero importante anexar algunos de los cuestionarios aplicados para que usted, estimado lector, pueda ver las respuestas otorgadas por los pastores y apreciar por sí mismo, el desempeño de nuestros pastores como Líderes Espirituales.

Para ello, se incluirán los cuestionarios tal y como fueron aplicados y con las respuestas tal y como fueron obtenidas, con una pequeña nota al final de cada una para una mejor apreciación de sus respuestas.

Encuesta para los dirigentes de las iglesias pentecostales del valle del sur de Texas.

Esta encuesta se realiza con la finalidad de conocer si los métodos actuales de guía Espiritual por parte de los pastores es integralmente beneficiosa o en realidad se hace lo que se puede pero hace falta una guía de conducta como un código de ética que les ayude a proporcionar a los miembros de la iglesia alimento Espiritual, cobijo moral y trato digno, basado en los principios de amor y justicia del Espíritu Santo.

En esta encuesta se presentaran diferentes casos que podrían ser de cualquiera de los de miembros de su propia iglesia, la finalidad es saber cómo respondería el pastor para darle guía Espiritual y moral y en la medida de lo posible, una solución al problema aquí planteado.

Primer Participante
Pastor N.V., Iglesia de Álamo.

Caso 1.

Jesica, una adorable jovencita de 14 años, siempre destacada estudiante de la escuela bíblica de su congregación, hija de padres muy devotos y participantes del ministerio, viene a usted por consejo ya que, a su corta edad está embarazada, su novio le ha dado la espalda y además de no estar preparada para ser madre aun, debido a su corta edad, tampoco quiere decepcionar a sus padres siendo la causa de su vergüenza y señalamiento. En pocas palabras, está convencida de que su gran problema solo tiene una solución: el aborto. ¿Cómo le ayudaría usted?; ¿Con qué bases?

BUSCANDO EL COMÚN DENOMINADOR

Base bíblica.

"La Palabra dice: "la vida empieza en la matriz", creo que el pasaje es Jeremías 1" (no precisa el versículo).

"Y el salmo 51 dice: "desde el vientre de su madre fue concebido, Dios lo conoció" (no precisa el versículo)."

Base ética moral.

"En primer lugar le haría saber a la joven en cuestión que Dios es bueno y misericordioso y que El perdona nuestros pecados. Luego la instaría a hablar con sus padres, a decirles lo que había sucedido y como se sentía al respecto, yo por mi parte también hablaría con ellos para pedirles que no juzgaran a su hija, sino que más bien comprendieran que había cometido un error y que necesitaba de todo su apoyo. En lo que respecta al padre del niño, yo no le aconsejaría que buscara una reconciliación con él, si el chico no tuvo la madurez y el valor para afrontar las consecuencias de sus actos tampoco los tendrá para ser un buen esposo y padre de familia, mucho menos si lo hace obligado. Más bien me concentraría en buscar la forma de convencerla de no abortar, de darle a ese bebe la oportunidad de nacer y en caso de que ella insistiera en no querer conservarlo, le diría que siempre tiene la opción de dar el niño en adopción".

Base ética o legal.

"No abortar, darle vida y una oportunidad a ese niño de nacer. Darle opciones de adopción"

Observaciones.

En el plano moral, los consejos del pastor resultan bastante elocuentes, buscando principalmente salvar la vida de una criatura que no había tenido responsabilidad alguna en cuanto a los actos de sus padres, buscando la unión familiar como fuerza principal para vencer los obstáculos por venir y haciendo un llamado a un raciocinio basado en la madurez, el perdón y el amor al prójimo.

Corroboración de textos bíblicos.

Jeremías 1:5

"Antes que te formase en el vientre te conocí, y antes que nacieses te santifiqué, te di por profeta a las naciones".

Salmo 51

"51:1 Ten piedad de mí, oh Dios, conforme a tu misericordia; Conforme a la multitud de tus piedades borra mis rebeliones.

51:2 Lávame más y más de mi maldad, y límpiame de mi pecado.

51:3 Porque yo reconozco mis rebeliones, y mi pecado está siempre delante de mí.

51:4 Contra ti, contra ti solo he pecado, y he hecho lo malo delante de tus ojos; para que seas reconocido justo en tu palabra, y tenido por puro en tu juicio.

51:5 He aquí, en maldad he sido formado, y en pecado me concibió mi madre.

51:6 He aquí, tú amas la verdad en lo íntimo, y en lo secreto me has hecho comprender sabiduría.

51:7 Purifícame con hisopo, y seré limpio; Lávame, y seré más blanco que la nieve.

51:8 Hazme oír gozo y alegría, Y se recrearán los huesos que has abatido.

51:9 Esconde tu rostro de mis pecados, y borra todas mis maldades.

51:10 Crea en mí, oh Dios, un corazón limpio, y renueva un espíritu recto dentro de mí.

51:11 No me eches de delante de ti, y no quites de mí tu santo Espíritu.

51:12 Vuélveme el gozo de tu salvación, y espíritu noble me sustente.

51:13 Entonces enseñaré a los transgresores tus caminos, y los pecadores se convertirán a ti.

51:14 Líbrame de homicidios, oh Dios, Dios de mi salvación; Cantará mi lengua tu justicia.

51:15 Señor, abre mis labios, y publicará mi boca tu alabanza.

51:16 Porque no quieres sacrificio, que yo lo daría; No quieres holocausto.

51:17 Los sacrificios de Dios son el espíritu quebrantado; al corazón contrito y humillado no despreciarás tú, oh Dios.

51:18 Haz bien con tu benevolencia a Sion; edifica los muros de Jerusalén.

51:19 Entonces te agradarán los sacrificios de justicia, el holocausto u ofrenda del todo quemada; entonces ofrecerán becerros sobre tu altar"

CASO 2

Juan tiene 24 años de edad, es un chico muy tímido, se unió a su iglesia hace algunos 8 meses, tiempo en el cual ha demostrado un alentador avance en el conocimiento de la palabra de Dios; sin embargo, siempre se ha mostrado un tanto apartado de los demás miembros de la iglesia, es como si ocultara algo que lo hiciera temer el rechazo de los demás. Pero desde hace 3 semanas, usted ha notado algo, el carácter de Juan ha dado un giro, el llevo a un amigo a la iglesia, ahora luce sonriente, mas sociable es como si ahora tuviera algo que le había estado haciendo falta y que le impedía ser feliz. Al terminar el servicio religioso usted decide hablar con Juan para felicitarlo por lo que sea que ha contribuido a su cambio de actitud, pero al llegar al estacionamiento encuentra a Juan en una situación muy cariñosa con su amigo. Ahora lo entiende, Juan es gay y su invitado es su pareja sentimental. ¿Cuál es su reacción ahora que sabe la verdad?

Base bíblica.

"Romanos capítulo 1 habla de los hombres que se acuestan con hombres, también Gálatas lo menciona". (En la primera cita no precisa el versículo, en la segunda, solo hace mención del libro sin especificar la cita completa)

"Este no es el único pecado sexual que Dios aborrece, todos los días peleamos con el adulterio, la fornicación, el bestialismo".

Base ética moral.

"Antes que nada hablaría con el joven en privado para confirmar que efectivamente tiene una inclinación homosexual, le aclararía que no es mi intención ofenderlo sino ayudarlo a pelear contra esa inclinación a fin de agradar a Dios"

Base ética o legal.

"Todos somos responsables de pelear contra nuestras propias inclinaciones al pecado"

Observaciones.

Haciendo gala de la cautela que le caracteriza, el pastor busca confirmar los hechos antes de disponerse a juzgar o a aconsejar dejándose llevar por las apariencias, lo cual me parece bastante sabio de su parte. Quizás una mención más específica de los textos bíblicos que muestran la postura de Dios ante ese pecado podría surtir un efecto más marcado en el joven. Sin embargo, con la mención proporcionada del libro y del capítulo, fue posible encontrar que los versículos 26 y 27 hacen referencia al tema en cuestión.

Corroboración de textos bíblicos.
Romanos 1
1:26 Por esto Dios los entregó a pasiones vergonzosas; pues aun sus mujeres cambiaron el uso natural por el que es contra naturaleza,

1:27 y de igual modo también los hombres, dejando el uso natural de la mujer, se encendieron en su lascivia unos con otros, cometiendo hechos vergonzosos hombres con hombres, y recibiendo en sí mismos la retribución debida a su extravío.

CASO 3

Las noticias de los últimos meses lo abruman con tantos eventos desafortunados en las escuelas de todo el país con niños matando a otros niños, maestros y padres; es inconcebible la facilidad con la que muchos niños pueden hacerse de un arma de fuego hoy en día; usted está convencido que es imperante restringir la libre venta de armas de fuego. En fin, es hora de ir a visitar a una familia que recién ha llegado a la ciudad y ha decidido unirse a su congregación. Don Eduardo le da una afectuosa bienvenida y lo invita a pasar a la sala, una vez dentro usted puede ver a Mike, el hijo menor de la pareja usando un juego de video lleno de violencia; detrás del niño, al fondo del salón, se ve una vitrina con dos rifles de algo alcance, trajes de cacería y fotografías de Don Eduardo, su esposa Cynthia, y sus dos hijos, Carlos y Mike, cada uno con un arma de fuego en las manos y posando junto a un alce que cazaron el verano pasado. Al ver esas imágenes, vienen a su mente el recuerdo de 20 niños muertos en una escuela a manos de un jovencito de la edad de Mike, entonces usted:

Base bíblica.
No se aporta base bíblica.

Base ética moral.
"Dado que se trata de una familia nueva en la congregación, no podría decirles nada en ese momento para evitar ofenderlos o ponerlos a la defensiva, algo así haría que se marcharan

inmediatamente de la congregación. Les daría tiempo y con ello la oportunidad de aprender, con el tiempo buscaría la manera de acercarme más a ellos y con mucho tacto abordar el tema, hablándoles de la sana palabra de Dios. Digo, en lo personal no veo mal que un padre guste de cazar ni que tenga un rifle"

"Hay que enseñar a nuestros hijos –interviene la esposa del pastor- que si alguien te maltrata debes hacerle el bien y orar por ellos".

"El cristianismo –retoma en pastor- no se trata de leyes, se trata de buenas nuevas, se trata de agradar a Dios y hacer su voluntad. Pues al fin de cuentas la palabra de Dios es la que obra en los corazones de los pecadores no lo que los pastores digan".

Base ética o legal.
No se aporta base ética o legal.

Observaciones.
Una vez más el pastor hace gala de la diplomacia y la cautela que le caracterizan, aun y cuando en su opinión ni la cacería, ni la presencia de armas de fuego en los hogares influye en el dramático aumento de la violencia que se vive actualmente, tampoco hace mención directa a los juegos de video llenos de violencia que son los preferidos de muchos de nuestros hijos y que llenan sus mentes aun infantiles de una idea completamente distorsionada de la realidad.

Corroboración de textos bíblicos.
No se aportan textos bíblicos.

CASO 4

Claudia y Alberto llevan 8 años de feliz matrimonio y 10 de asistir a su iglesia, ahí se conocieron y se casaron. Tienen 3 hijos y hasta hace poco, todo parecía indicar que eran una familia cristiana ejemplar; pero hoy, su esposa, la pastora le informa el por qué no han asistido a los servicios religiosos en las últimas 2 semanas: Alberto descubrió a su esposa Claudia siéndole infiel y la ha golpeado. Usted y su esposa acuden a la casa del matrimonio para tratar de ayudarlos a solucionar las cosas, pero Alberto alega que actuó con justa razón debido a los celos, la decepción y la rabia que le dio ver a su mujer en brazos de otro hombre. Por otro lado Claudia alega que Alberto ya no le hacía el menor caso y ella se sentía abandonada emocionalmente; además estaba el hecho de que se atrevió a golpearla. Ahora, ¿qué va a hacer usted como Guía Espiritual?

Base bíblica.
    Proverbios 18:17

    "Justo parece el primero que aboga por su causa;
    Pero viene su adversario, y le descubre."

    "La biblia dice: el primero que aboga por su causa parece estar en el bien"

    "Sabemos que Dios permite el divorcio en caso de infidelidad, pero yo más bien buscaría darles una consejería moral".

Base ética moral.
    "Antes que nada deben ser conscientes que ambos pecaron y ante Dios no tienen excusa. Una vez entendido lo anterior, deben saber que no por ello automáticamente el matrimonio se ha terminado, Cristo puede ayudarles en el proceso del perdón. De ser necesario, yo les ayudaría utilizando una especie de terapia Espiritual, con tareas específicas donde en principio de cuentas, les pediría que se separaran por un corto periodo de tiempo para pensar en lo ocurrido, en los motivos que los orillaron a ambos a actuar de la forma en que lo hicieron, y a trabajar en un proceso de perdón que deben otorgarse mutuamente y de corazón".

Base ética o legal.
    No se aporta base ética o legal.

Observaciones.

La amonestación inicial no se otorga con el afán de devaluarlos ante Dios a causa de su pecado, sino de hacerlos conscientes de que el pecado lo cometieron los dos y los dos debían luchar por obtener y otorgar el perdón de su cónyuge. Poniéndolos a ambos en un mismo nivel los exhorta a meditar en sus acciones, a otorgarse el perdón mutuo y a pensar en lo que desean hacer de sus vidas en adelante.

Corroboración de textos bíblicos.
Proverbios 18:17
"Justo parece el primero que aboga por su causa;
Pero viene su adversario, y le descubre."

CASO 5

Julio llego desde Guatemala hace 2 meses, no ha encontrado trabajo y está desesperado pues tiene una esposa y un hijo que mantener. Una vecina les dijo que en su iglesia daban comida cada semana, y el acude sin falta para obtener toda la ayuda que le sea posible. Pero no está interesado en oír la palabra de Dios, el solo quiere la comida y la ropa que ustedes tan generosamente le obsequian mientras encuentra un trabajo que le permita vivir dignamente junto a su familia. ¿Buscaría usted una forma de interesarlo también en el alimento Espiritual? ¿Cómo lo haría?

Base bíblica.

No se aporta base bíblica.

Base ética moral.

"De ninguna manera condicionaría la ayuda a cambio de asistir a la iglesia, más bien buscaría la forma de ayudarlos en lo que pueda. Tal vez ayudándole en lo laboral, en cualquier otra cosa que necesite y este dentro de mis posibilidades y, por supuesto que intentaría darle alimento Espiritual, pero nunca a cambio de congregarse".

Base ética o legal.

No se aporta base ética o legal.

Observaciones.

El deseo de acercar almas al Creador es uno de los principales motores que lo impulsan a servir a su prójimo, pero deja muy en claro que desea acercarlas mediante la fe en nuestro Señor no mediante el interés de obtener algo a cambio. Cautela, diplomacia, rectitud, son las cualidades que describen a este siervo de Dios. Pero con la humildad suficiente para decir: todos necesitamos ayuda, sobre todo para afrontar este tipo de situaciones en base al pensamiento de Dios".

Corroboración de textos bíblicos.

No se aportan textos bíblicos.

Segundo participante
Pastor J. C., Iglesia de Álamo

CASO 1

Base bíblica.

"De ninguna manera Dios permite el aborto, aun y cuando en varios estados de los Estados Unidos haya sido legalizado, Dios continua desaprobándolo. Recordemos a Job, un hombre fiel a Jehová, él nos dice en Job 17:3-9: "Dios nos dio la vida y Él nos la va a quitar." Por otro lado tenemos a David quien peco con la mujer de Urias en Salmos 34:3-16. Cristo nos perdona tal y como Dios perdono a David. Romanos 8:28"

Base ética moral.

"Si esta joven siente el perdón de Dios, ella no abortara. No hay ningún motivo para aceptar el aborto. Dando a la mujer su lugar está el ejemplo de María, joven, sin haber conocido varón y quedar encinta por obra del Espíritu Santo, podemos imaginar cómo debió sentirse, asustada, deprimida, confundida, sin embargo decidió confiar en Dios y su recompensa fue grande".

Base ética o legal.

No se aporta base ética o legal.

Observaciones.

Gran confianza demuestra este pastor en que el perdón de Jesucristo puede obrar en el corazón de la joven, usando el ejemplo de María intenta hacerle ver que aun teniendo que enfrentar situaciones sumamente difíciles debido a un embarazo fuera del matrimonio, confiando en Dios plenamente, se puede salir adelante.

Corroboración de textos bíblicos.

Job 17:3-9

17:3 Dame fianza, oh Dios; sea mi protección cerca de ti. Porque ¿quién querría responder por mí?

17:4 Porque a éstos has escondido de su corazón la inteligencia; por tanto, no los exaltarás.

17:5 Al que denuncia a sus amigos como presa, los ojos de sus hijos desfallecerán.

17:6 Él me ha puesto por refrán de pueblos, y delante de ellos he sido como tamboril.

17:7 Mis ojos se oscurecieron por el dolor, y mis pensamientos todos son como sombra.

17:8 Los rectos se maravillarán de esto, y el inocente se levantará contra el impío.

17:9 No obstante, proseguirá el justo su camino, y el limpio de manos aumentará la fuerza.

Salmos 34:3-16

34:3 Engrandeced a Jehová conmigo, y exaltemos a una su nombre.

BUSCANDO EL COMÚN DENOMINADOR

34:4 Busqué a Jehová, y él me oyó, y me libró de todos mis temores.

34:5 Los que miraron a él fueron alumbrados, y sus rostros no fueron avergonzados.

34:6 Este pobre clamó, y le oyó Jehová, y lo libró de todas sus angustias.

34:7 El ángel de Jehová acampa alrededor de los que le temen, y los defiende.

34:8 Gustad, y ved que es bueno Jehová; dichoso el hombre que confía en él.

34:9 Temed a Jehová, vosotros sus santos, pues nada falta a los que le temen.

34:10 Los leoncillos necesitan, y tienen hambre; pero los que buscan a Jehová no tendrán falta de ningún bien.

34:11 Venid, hijos, oídme; el temor de Jehová os enseñaré.

34:12 ¿Quién es el hombre que desea vida, que desea muchos días para ver el bien?

34:13 Guarda tu lengua del mal, y tus labios de hablar engaño.

34:14 Apártate del mal, y haz el bien; busca la paz, y síguela.

34:15 Los ojos de Jehová están sobre los justos, Y atentos sus oídos al clamor de ellos.

34:16 La ira de Jehová contra los que hacen mal, Para cortar de la tierra la memoria de ellos.

Romanos 8:28

"Y sabemos que a los que aman a Dios, todas las cosas les ayudan a bien, esto es, a los que conforme a su propósito son llamados".

CASO 2

Base bíblica.

"Pablo dice en 1 Corintios 11:1: "todo lo que hagan, sea de hechos o palabras, que sea todo para gloria de Dios." Ya no vivo yo, Cristo vive en mí", dice 2 Corintios 5:17: "si uno está en Cristo, cosa nueva es". Dios, por medio de su palabra no acepta la homosexualidad, aunque el Estado lo haga."

"Debemos tener en cuenta que Dios ama al pecador mas no al pecado y Romanos 3:18 dice: "la paga del pecado es la muerte". Por ello él no debe dejarse llevar por sus deseos para no formar parte de los "amadores de los deleites más que de Dios" tal como menciona 2 Timoteo 3:1-7".

Base ética moral.

"Es importante hablar con el chico, hacerle ver que Dios no lo condenara por lo que hace hoy, le condenara por las decisiones que tome después de conocer la verdad de su palabra. De ninguna manera le cerraría las puertas de la iglesia, por el contrario, lo invitaría a continuar viniendo a la iglesia, y le diría que su amigo puede seguir siendo su amigo, pero ya no más su pareja sentimental. Pero lo instaría a cambiar de actitud explicándole que no todo el que acude a la iglesia se irá en el rapto. No lo conozco, pero intentaría explicarle ese punto.

Base ética o legal.

No se proporciona base ética o legal.

Observaciones.

Dentro de sus recomendaciones bíblicas se puede apreciar la intención de hacer comprender al joven que el conocimiento de la verdad puede ser su salvación si la toma para arrepentimiento y cambio de vida, pero acarrearía su propia condena si conociendo la palabra decidiera continuar pecando

Corroboración de textos bíblicos.
1 Corintios 11:1
"Sed imitadores de mí, así como yo de Cristo."

2 Corintios 5:17
"De modo que si alguno está en Cristo, nueva criatura es; las cosas viejas pasaron; he aquí todas son hechas nuevas."

Romanos 3:18
"No hay temor de Dios delante de sus ojos."

2 Timoteo 3:1-7
3:1 También debes saber esto: que en los postreros días vendrán tiempos peligrosos.

3:2 Porque habrá hombres amadores de sí mismos, avaros, vanagloriosos, soberbios, blasfemos, desobedientes a los padres, ingratos, impíos,

3:3 sin afecto natural, implacables, calumniadores, intemperantes, crueles, aborrecedores de lo bueno,

3:4 traidores, impetuosos, infatuados, amadores de los deleites más que de Dios,

3:5 que tendrán apariencia de piedad, pero negarán la eficacia de ella; a éstos evita.

3:6 Porque de éstos son los que se meten en las casas y llevan cautivas a las mujercillas cargadas de pecados, arrastradas por diversas concupiscencias.

3:7 Estas siempre están aprendiendo, y nunca pueden llegar al conocimiento de la verdad.

CASO 3

Base bíblica.

"Mi consejo lo basaría en textos tales como Proverbios 12:28 que dice: "en el camino de la justicia está la vida"; Proverbios 13:1 menciona que "el hijo sabio sigue los consejos de su padre"; y "el amor de Dios lo aparta de la muerte" Proverbios 14:27".

Base ética moral.

"En principio de cuentas, buscaría la forma de visitar con mayor frecuencia a la familia a fin de ir ganándome su confianza a base de la convivencia. Una vez lograda, procuraría abordar el tema con cautela, dándoles ejemplos de lo ocurrido últimamente en las escuelas. Obviamente no les diría directamente ¡esto es pecado o vende las armas! Pero si procuraría aconsejarles que tuvieran mucho cuidado con ellas".

Base ética o legal.

"Me aseguraría de hacerles saber que el State Trooper te regala los candados para asegurar las armas y evitar accidentes fatales".

Observaciones.

Un trabajo de consejería bastante completo, considerando que procura abarcar todas las áreas, la bíblica, la moral y el consejo legal. Con diplomacia y cautela se dispuso a proveer una manera de proteger a su familia en lugar de juzgar.

Corroboración de textos bíblicos.
Proverbios 12:28
"En el camino de la justicia está la vida; y en sus caminos no hay muerte."

Proverbios 13:1
"El hijo sabio recibe el consejo del padre; mas el burlador no escucha las reprensiones."

Proverbios 14:27
"El temor de Jehová es manantial de vida para apartarse de los lazos de la muerte."

CASO 4

Base bíblica.

"La carta de divorcio se hace por adulterio y por el abandono del hogar, pero yo les mostraría en 1 Juan 4:11 que "Dios es fiel y justo para perdonarnos"; ahora que si el ofendido decide por el divorcio, adelante, pues Dios no le abandonara, por el contrario, la biblia dice: "Jehová es mi pastor, nada me faltara" (Salmos 23:1)"

Base ética moral.

"En primer lugar, hablaría con el esposo, le aconsejaría que primero se asegurara de que la infidelidad fue real (sea mediante pruebas del acto o confesión de su cónyuge). En tal caso, le daría dos opciones: la primera seria la carta de divorcio para lo cual tiene justificación al tratarse de la única razón válida para ello dada por Cristo; la segunda, seria otorgar el perdón y comenzar de nuevo, aprendiendo de los errores cometidos para evitarlos en el futuro.

Para la esposa, le diría que antes de caer en el adulterio debió hablar con su esposo para hacerle ver lo mal que se sentía por su indiferencia y menosprecio. Ya una vez expuestas sus razones era obligación del esposo escucharlas y atenderlas, en caso contrario ella habría podido solicitar la carta de divorcio por abandono emocional.

Si se daba el caso del divorcio, es necesario solicitar al cónyuge adultero que busque otra iglesia donde congregarse para evitar que su presencia siga lastimando al ofendido y le sea causa de tropiezo o abandono de su fe. Esta medida también protegería al resto de la congregación para que no se vieran tentados a tomar partido por una u otra parte".

Base ética o legal.

"En cuanto a los golpes, eso no va, de ningún modo, mucho menos en contra de la que fue su mujer y madre de sus hijos. Aquí ya tendría que entrar la justicia de la ley de los hombres".

Observaciones.

Tomando medidas que quizás para algunos pudieran sonar un tanto drásticas, como pedir al adultero abandone la congregación, el pastor demuestra que además de cuidar de los afectados, piensa también en el bienestar del resto de sus congregados.

Corroboración de textos bíblicos.

1 Juan 4:11

"Nadie ha visto jamás a Dios. Si nos amamos unos a otros, Dios permanece en nosotros, y su amor se ha perfeccionado en nosotros.

Salmos 23:1

"Jehová es mi pastor; nada me faltará."

CASO 5

Base bíblica.

"La biblia dice en Juan 6:26 que Jesús alimento a cinco mil personas y luego dijo: ustedes me buscan porque tienen hambre no por escuchar de Dios"

Base ética moral.

"Bueno si le ayudaría, pero también le explicaría que la comida física no es lo más importante, es el alimento Espiritual lo que debe buscar en primer lugar porque Dios es quien va a proveerá quien en el deposita su confianza. Por supuesto en caso de emergencia que no tenga de momento con que alimentar a su familia se le ayudaría, pero si descubro que lo hace por vicio, definitivamente no le daría nada".

Base ética o legal.

No se proporciona base ética o legal.

Observaciones.

Considero que con estas medidas se ayuda más al necesitado, pues al darle de comer una y otra vez sin más, el hombre se atendría al pastor, pero si le da primero alimento Espiritual, el hombre aprenderá a confiar en que Dios le proveerá de los medios (trabajo) para que no le falte el sustento para él y su familia.

Corroboración de textos bíblicos.
Juan 6:26, 27.

"Respondió Jesús y les dijo: De cierto, de cierto os digo que me buscáis, no porque habéis visto las señales, sino porque comisteis el pan y os saciasteis. Trabajad, no por la comida que perece, sino por la comida que a vida eterna permanece, la cual el Hijo del Hombre os dará; porque a éste señaló Dios el Padre."

Tercer participante
Pastor J. A., Iglesia San Juan

CASO 1

Base bíblica.

"Bueno, antes que nada le recordaría que la palabra dice "amaras a Dios como a ti mismo" de momento no recuerdo la cita exacta, tendría que buscarla".

Base ética moral.

"Para hablar con la joven buscaría el apoyo de mi esposa para aconsejarla en contra del aborto porque e feto es un ser viviente y el aborto está en contra de Dios. Creo que es lo único que podría hacer, eso y hablarle de la palabra de Dios porque es Él quien hace cambiar a las personas, el pastor no puede hacerlo".

Base ética o legal.
No se proporciona base ética o legal.

Observaciones.
La única base bíblica a la que este pastor hizo alusión parece referirse a la que encontramos en Mateo 22:37,39, formando de los dos versículos una sola frase que, considerando el tema en cuestión quizás no resultaría de gran impacto.

Corroboración de textos bíblicos.
No se proporcionan textos bíblicos.

CASO 2

Base bíblica.
No se aporta base bíblica.

Base moral.
"Creo que todos debemos ver a los seres humanos como igual, sin hacerlos menos por como piensen. Dios dice que los gays no entraran en los cielos, pero el sí puede cambiarlos, por eso yo no los rechazaría. Más bien procuraría orientarlos haciéndoles ver que a veces la televisión influye muchas veces en su orientación con tantos programas donde aparecen como algo normal".

Base ética o legal.
No se aporta base ética o legal.

Observaciones.
La intención del pastor parece ser muy buena, pero resulta evidente la falta de argumentos morales y de bases bíblicas que pudieran hacer ver a los jóvenes la postura de Dios ante la práctica de la homosexualidad.

Corroboración de textos bíblicos.
No se aportan textos bíblicos.

CASO 3

Base bíblica.

No se aporta base bíblica.

Base ética moral.

"Pues los invitaría a leer la palabra de Dios para que lo conozcan y el cambie sus corazones".

Base ética o legal.

No se aporta base ética o legal.

Observaciones.

No se aportó mayor comentario. Sin embargo, al girar la cabeza hacia un lado del sofá donde estaba yo sentada, vi una carabina de postas recargada en la pared. Al seguir mi mirada, el pastor sonríe y dice: "esa la usamos para los tlacuaches que a veces se meten debajo de la casa".

Corroboración de textos bíblicos.

No se aportan textos bíblicos.

CASO 4

Base bíblica.

No se aporta base bíblica.

Base ética moral.

"En este caso es importante apoyar al matrimonio dándole consejo de que hay que perdonar. Yo sé que en un caso así es difícil, ¿verdad?, pero para Dios no hay imposibles porque él los unió en matrimonio y lo que Dios ha unido nadie lo podrá separar y él siempre manda perdonaos unos a otros".

Base ética o legal.

No se aporta base ética o legal.

Observaciones.

Al igual que en las preguntas anteriores, no se hizo aporte de bases bíblicas que pudieran servir de apoyo para demostrar a los miembros de su congregación la forma de pensar de Dios respecto al tema en cuestión. Al hacerle esta observación al pastor contesta lo siguiente: "pues no, de momento no se me viene ninguna escritura a la cabeza, tendría que estudiar el caso para ver que escritura podría usar".

Corroboración de textos bíblicos.

No se aportan textos bíblicos.

CASO 5

Base bíblica.

No se aporta base bíblica.

Base ética moral.

"Lo ayudaría cuantas veces me fuera posible, en una de esas Dios puede tocarlo y cambiar su vida porque nuestro principal interés es que el entregue su alma a Cristo"

Base ética o legal.

No se aporta base ética o legal.

Observaciones.

Al final de la entrevista se le pregunto al pastor: ¿Considera usted que el conocimiento bíblico que posee actualmente es suficiente para guiar a su congregación a un conocimiento de Dios? A lo que él responde: "Yo no fui a ninguna escuela bíblica, yo era Co-Pastor en otra iglesia pero sentí el llamado del señor porque sentí que donde estaba no estaba ganando almas para el Señor; por eso decidí fundar esta iglesia y mi sueño es que un día pueda construir un lugar que pueda arreglar bien bonito porque es para honra de Dios".

Corroboración de textos bíblicos.
No se aportan textos bíblicos.

Cuarto participante
Maestra I. N., Iglesia de San Juan

CASO 1

Base bíblica.
"Mira de momento no tengo la cita bíblica, pero haría una oración junto con ella y la instaría a pensar en un futuro, cuando madurara, la conciencia le diría que mato a un ser."

Base ética moral.
"Esa criatura debe vivir. La paga del pecado trae consecuencias además ella tiene la opción de dar al niño en adopción. Ahora, en primer lugar ella supo lo que estaba haciendo, digo, si era cristiana debió saber que no estaba bien lo que hacía y al menos debió tomar anticonceptivos para no salir embarazada. Otra forma de ayudarla seria llevándola al doctor, si la criatura viene bien ella puede tenerla, pero si no (como en caso de un Síndrome de Down) mejor no tenerla."

Base ética o legal.
"Le diría: si tú quieres abortar será una cuestión entre tú y Dios. En ese caso la acompañaría a hablar con sus padres. ¡No body will go against her Will! Pero metería en problemas legales a sus padres por descuido."

Observaciones.
Dentro de sus respuestas aparece una contradicción en cuanto a si debe o no nacer el producto de la concepción, al parecer en su opinión un feto tiene derecho a nacer siempre y cuando no presente defectos genéticos.

Corroboración de textos bíblicos.
No se aportan textos bíblicos.

CASO 2

Base bíblica.

No se aporta base bíblica.

Base ética moral.

"De entrada no hagas cosas buenas que parezcan malas, ni malas que parezcan buenas. Porque la homosexualidad resulta abominable ante los ojos de Jehová. Hay un perdón para él, pero debe arrepentirse, hacer oración con quebranto del corazón. Tener conciencia que él no nació así, y que su condición puede cambiar. Yo apoyaría que se le diera la oportunidad de continuar en la iglesia".

Base ética o legal.

No se aporta base ética o legal.

Observaciones.

Al contrario de otros pastores, esta maestra afronta la situación de una forma tan directa que podría resultar un tanto agresiva a los ojos de los involucrados, en lo personal soy más de la idea de actuar con mayor cautela para evitar herir los sentimientos de las personas afectadas evitando así que opten por simplemente alejarse de la iglesia y continúen con su vida.

Corroboración de textos bíblicos.

No se aportan textos bíblicos.

CASO 3

Base bíblica.

"En este caso le diría a la pareja que llevara a sus hijos a aprender la palabra como dice Proverbios 22:6 para que cuando crezca no se aparte de ella".

Base ética moral.

"Aquí la culpa es de los padres. Deben ir a la escuela dominical para que eduquen a sus hijos. Hay que decirles que esos juegos son dañinos para la mente de los niños y hay que canalizar al niño con la maestra de niños para que aprenda la palabra. Hay que invitar a la familia con amor para que aprendan las enseñanzas bíblicas".

Base ética o legal.

No se aporta base ética o legal.

Observaciones.

Una vez más considero que el ser tan directa al decir que los padres son culpables podría resultar un tanto contraproducente, pero será usted, estimado lector quien decida cuál sería el método más apropiado para abordar esos temas.

Corroboración de textos bíblicos.
　Proverbios 22:6
　"Instruye al niño en su camino, Y aun cuando fuere viejo no se apartará de él".

CASO 4

Base bíblica.

"Con amor todo se vence. 1 Corintios 13".

Base ética moral.

"Deben de saber que la ira y los celos son abominables a los ojos de Dios. Dios no quiere el divorcio, si se casa cometería adulterio porque su primer esposo estaría vivo aun. Ahora, tampoco debe haber violencia entre la pareja. Hay que orar con ellos y luego hablar con Alberto para decirle que por buscar un trabajo tan demandante para hacer más dinero perdió a su esposa. Sin embargo con perdón ese matrimonio se puede restaurar".

Base ética o legal.

No se aporta base ética o legal.

Observaciones.

¿Juicio o guía comprensiva otorgada con cautela? ¿Cuál considera usted, apreciado lector que sería la mejor manera de guiar a esta pareja?

Corroboración de textos bíblicos.

1 Corintios 13

13:1 Si yo hablase lenguas humanas y angélicas, y no tengo amor, vengo a ser como metal que resuena, o címbalo que retiñe.

13:2 Y si tuviese profecía, y entendiese todos los misterios y toda ciencia, y si tuviese toda la fe, de tal manera que trasladase los montes, y no tengo amor, nada soy.

13:3 Y si repartiese todos mis bienes para dar de comer a los pobres, y si entregase mi cuerpo para ser quemado, y no tengo amor, de nada me sirve.

13:4 El amor es sufrido, es benigno; el amor no tiene envidia, el amor no es jactancioso, no se envanece;

13:5 no hace nada indebido, no busca lo suyo, no se irrita, no guarda rencor;

13:6 no se goza de la injusticia, más se goza de la verdad.

13:7 Todo lo sufre, todo lo cree, todo lo espera, todo lo soporta.

13:8 El amor nunca deja de ser; pero las profecías se acabarán, y cesarán las lenguas, y la ciencia acabará.

13:9 Porque en parte conocemos, y en parte profetizamos;

13:10 más cuando venga lo perfecto, entonces lo que es en parte se acabará.

13:11 Cuando yo era niño, hablaba como niño, pensaba como niño, juzgaba como niño; mas cuando ya fui hombre, dejé lo que era de niño.

13:12 Ahora vemos por espejo, oscuramente; mas entonces veremos cara a cara. Ahora conozco en parte; pero entonces conoceré como fui conocido.

13:13 Y ahora permanecen la fe, la esperanza y el amor, estos tres; pero el mayor de ellos es el amor.

CASO 5

Base bíblica.
No se aporta base bíblica.

Base ética moral.
"Le seguiría dando la comida para su familia. Pero hablaría para que venga a los cultos porque podría incluso encontrar un trabajo o una ofrenda. Y pensando en esa criatura los padres necesitan alimentarlo aunque pasen años".

Base ética o legal.
No se aporta base ética o legal.

Observaciones.
Considero loable el hecho de procurarle ayuda para encontrar empleo sin perder disposición de seguirle ayudando a alimentar a su familia aunque esta deba durar varios anos.

Corroboración de textos bíblicos.
No se aportan textos bíblicos.

¿Una guía Espiritual respeta los preceptos Bíblicos?
Autor: Dra. Isidora Díaz Farías

CONCLUSIÓN.

Espero que esta "muestra de botón" haya sido suficiente para evidenciar la forma tan distinta de pensar entre los dirigentes y maestros de las iglesias pentecostales cuya denominación religiosa parece ser lo único que comparten. Como mencione al principio, quizás la formación académica, las raíces culturales y la diferencia de edad pudieran ser el factor de mayor influencia dentro de dichas diferencias.

Eso sí, el común denominador entre todos ellos fue la aceptación de la utilidad que les representaría un manual de ética cristiana basado exclusivamente en la biblia para ayudarles a brindar a sus congregados una consejería sustentada mayormente en la palabra de Dios, la cual no se contradice por las diversidades ya mencionadas.

Este proyecto sería solo una "probadita" de dicho manual, pues aunque los temas sugeridos por los pastores entrevistados son muchos y bastante variados, no fue posible incluirlos todos de una vez. Aun así, considero que si los líderes religiosos lo adoptan como la herramienta útil que pretende ser, este podría ser complementado y actualizado de acuerdo a las necesidades de los pastores y la iglesia misma.

Sinceramente espero, apreciado lector que este trabajo, el cual he realizado con el más profundo respeto hacia aquellos que dedican su vida a servir a Dios mediante su iglesia y hacia aquellos que desean una guía Espiritual basada en la palabra de Dios más que en la palabra de los hombres, sea de gran utilidad para usted, pues considero que si tan solo una vida puede cambiar gracias a la palabra de Dios leída mediante este libro, entonces habré cumplido con mi cometido.

¿Una guía Espiritual respeta los preceptos Bíblicos?

Autor: Dra. Isidora Díaz Farías

REFERECNCIAS & BIBLIOGRAFÍA

CAPITULO I

BIBLIOGRAFÍA

1. Versión Reyna Valera, Edición 1960.

2. Los Generales de Dios II. Roberts Liardon. Editorial Peniel. Pg. 60

3. Idem Pg. 63-65

4. Idem Pg. 66

5. Idem Pg. 67-69

6. Idem Pg. 72

7. Idem Pg. 73-75

8. Idem Pg.77-78

9. Idem Pg. 79

10. Idem Pg. 81

11. Idem Pg. 84

12. Idem Pg. 94

13. Idem Pg. 95-109

14. Idem Pg.110

15. Historia de la reforma. Justo L. González. Edit. Unilit. Pg.69

16. Idem Pg.70

17. Idem Pg. 71

18. Idem Pg 72

19. Idem Pg.73-74

20. Historia de la reforma. Justo L. González. Editorial Unilit. Pg. 37.

21. Wikipedia, la enciclopedia libre. http://es.wikipedia.org/wiki/Las_95_tesis

22. Historia de la reforma. Justo L. González. Editorial Unilit. Pg.45.

23. Gran Enciclopedia Hispánica. Pg. 5268.

24. Los Generales de Dios. Pg. 213-216

BUSCANDO EL COMÚN DENOMINADOR

25. Idem Pg. 217

26. Historia de la reforma. Justo L. González. Editorial Unilit. Pg.96

27. Los Generales de Dios II. Roberts Liardon. Editorial Peniel. Pg. 229

28. Idem Pg. 231

29. Idem Pg. 232.

30. Wikipedia, la enciclopedia libre. http://es.wikipedia.org/wiki/

31. Los Generales de Dios II. Roberts Liardon. Editorial Peniel. Pg. 256-257

32. Idem. Pg. 257.

33. Idem. Pg. 258.

34. Idem. Pg. 258-259.

35. Idem. Pg. 259-260.

36. Idem. Pg. 261-264.

37. Idem. Pg. 264-266.

38. Idem. Pg. 268-269.

39. Idem. Pg. 271-274.

40. Idem. Pg. 274.

41. Idem. Pg. 282-285.

42. Historia de la reforma. Justo L. González. Editorial Unilit. Pg. 119-120.

43. Idem. Pg. 121.

44. Los Generales de Dios II. Roberts Liardon. Editorial Peniel. Pg. 316.

CAPITULO II

BIBLIOGRAFÍA

1. Logos

2. Logos

3. Logos

4. Wikipedia la enciclopedia libre. Pentecostalismo clásico.

http://es.wikipedia.org/wiki/Pentecostalismo_cl%C3%A1sico

5. Versión Reyna Valera Edición 1960.

6. Logos

7. "Manual 2009-2013" de la Iglesia Internacional de Santidad Pentecostal (IISP), Comité Editorial: Obispo ChrisThompson, Shirley G. Spencer, Nina Brewsaugh y Shandra Youell. Traducción de Claudia Cabello-Saldaña. Life Springs Resources 2009. Pg. 13,14.

8. Idem. Pg. 14

9. Idem. Pg. 14-16

10. Idem. Pg.8

11. Idem. Prefacio.

12. Idem Pg 11

13. Idem. Pg.8

14. Idem. Pg. 16

15. Constitución del Concilio General de las Asambleas de Dios. Revisión del 1-5 agosto de 2011. Pg. 7.

16. Wikipedia la enciclopedia libre.

http://es.wikipedia.org/wiki/Asambleas_de_Dios.

17. Nuestra misión y los valores esenciales. Página oficial de las Asambleas de Dios. http://ag.org/top_spn/About/Mission_Values.cfm

18. Guía para la formación de relaciones. Publicación de la oficina de relaciones públicas de las asambleas de dios. Concilio general de las asambleas de dios 1997.

19. Las cuatro verdades fundamentales. Página oficial de las Asambleas de Dios. http://ag.org/top_spn/Beliefs/Core_Doctrines/index.cfm.

20. Constitución del Concilio General de las Asambleas de Dios. Revisión del 1-5 agosto de 2011. Pg. 7.

21. Nuestra fraternidad. Página oficial de las Asambleas de Dios. http://ag.org/top_spn/About/Our_Fellowship.cfm.

CAPITULO III

BIBLIOGRAFÍA

1. Dr. Andrés Panasiuk. Como vivir bien cuando las cosas van mal. Editorial Unilit. Pg. 76.

2. Henry Web. Diáconos: Siervos ejemplares en la iglesia. Editorial Mundo Hispano. Pg. 67.

3. Idem. Pg. 112.

4. Idem. Pg. 113.

5. Gerald Nyenhuis, James P. Eckman. Ética Cristiana, un enfoque biblico-teologico. Editorial Unilit. Pg. 179.

6. Idem. Pg.180.

CAPITULO IV

BIBLIOGRAFÍA

1. Gerald Nyenhuis, James P. Eckman. Ética Cristiana, un enfoque bíblico-teológico. Editorial Unilit. Pg.181.

2. William MacDonald. El mandamiento olvidado: Sed Santos. Editorial Portavoz. Pg. 38.

3. David Hormachea. Lo que Dios permite y prohíbe en la vida sexual matrimonial, como descubrir los tesoros de la intimidad. Editorial Centro de Literatura Cristiana. Pg. 69.

4. C. L. Neal. Manual para los obreros cristianos. Editorial Mundo Hispano. Pg. 116-117.

CAPITULO V

BIBLIOGRAFÍA

1. J. I. Packer. El conocimiento del Dios Santo. Editorial Vida. Pg. 32.

2. Bob Sorge. Esto es un asunto personal. Editorial Vida. Pg. 43.

3. Idem. Pg. 44.

4. Dr. Andrés Panasiuk. Como vivir bien cuando las cosas van mal. Editorial Unilit. Pg. 95.

5. William MacDonald. El Mandamiento Olvidado: Sed Santos. Editorial Portavoz. Pg. 38.

6. Bob Sorge. Esto es un asunto personal. Editorial Vida. Pg. 43.

7. William MacDonald. El Mandamiento Olvidado: Sed Santos. Editorial Portavoz. Pg. 44.

8. Leslie Thompson. Más que maravilloso. Editorial Unilit. Pg. 128.

CAPITULO VI

BIBLIOGRAFÍA

1. Todas las citas bíblicas son obtenidas de la versión Reyna-Valera 1960.

2. Jiménez P.A. (1997). Introducción a los ministerios juveniles. Decatur, GA: libros AETH. Exported from Logos Bible Software.

3. Wikipedia, la enciclopedia libre. http://es.wikipedia.org/wiki/Acoso_escolar.

4. Violencia y acoso escolar. José Sanmartín Espluges. http://pedagogiaexiste.blogspot.com/2008/05/violencia-y-acoso-escolar-conceptos-e.html.

5. Wikipedia, la enciclopedia libre. http://es.wikipedia.org/wiki/Amistad.

CAPITULO VII

BIBLIOGRAFÍA

1. David Hormachea. Cartas a mi amiga maltratada. Editorial Betania. Pg. 8

2. Schipani, DSJ., Pablo A. (1997). Psicología y consejo pastoral: perspectivas hispanas. Decatur, Georgia: Libros Asociación para la educación Teológica Hispana. LOGOS Bible Software.

3. David Hormachea. Cartas a mi amiga maltratada. Editorial Betania. Pg. 27

4. Idem. Pg. 14

5. Idem. Pg. 22

6. Idem. Pg. 28

CAPITULO VIII

BIBLIOGRAFÍA

1. Wikipedia, la enciclopedia libre. http://es.wikipedia.org/wiki/Aborto

2. Medline plus. Información de salud para usted.

http://www.nlm.nih.gov/medlineplus/spanish/ency/article/007382.htm

3. Lee Thompson. La familia desde una perspectiva bíblica. Editorial Unilit. Pg. 99.

4. William MacDonald. El mandamiento olvidado: Sed Santos. Editorial Portavoz. Pg. 97.

5. http://www.nlm.nih.gov/medlineplus/spanish/ency/esp_imagepages/8611.htm

CAPITULO IX

REFERENCIAS

1. Departamento de Servicios para la Familia y de Protección de Texas (DFPS).

http://www.dfps.state.tx.us/Espanol/default.asp

2. Comisión de Servicios Humanos y de Salud en Texas.

http://www.hhsc.state.tx.us/Help/family-violence/centers_sp.shtml

3.

http://www.nsopr.gov/(X(1)S(xfmlnbbdlq43bvbwqb51zx0e))/es/Education/HelpSupport

4. http://foro.univision.com/t5/Discusi%C3%B3n-sobre-el-Aborto/s-de-telefono-para-ayuda-con-depresion-y-dolor-emocional/td-p/423747619

5. http://www.dfps.state.tx.us/Youth_Hotline/default-sp.asp

6. http://www.dshs.state.tx.us/wichd/

7. http://www.fns.usda.gov/snap/supplemental-nutrition-assistance-program-snap

8. http://www.foodbankrgv.com/HowWeWork/PharmacyCard.aspx

BUSCANDO EL COMÚN DENOMINADOR

¿Una guía Espiritual respeta los preceptos Bíblicos?
Autor: Dra. Isidora Díaz Farías